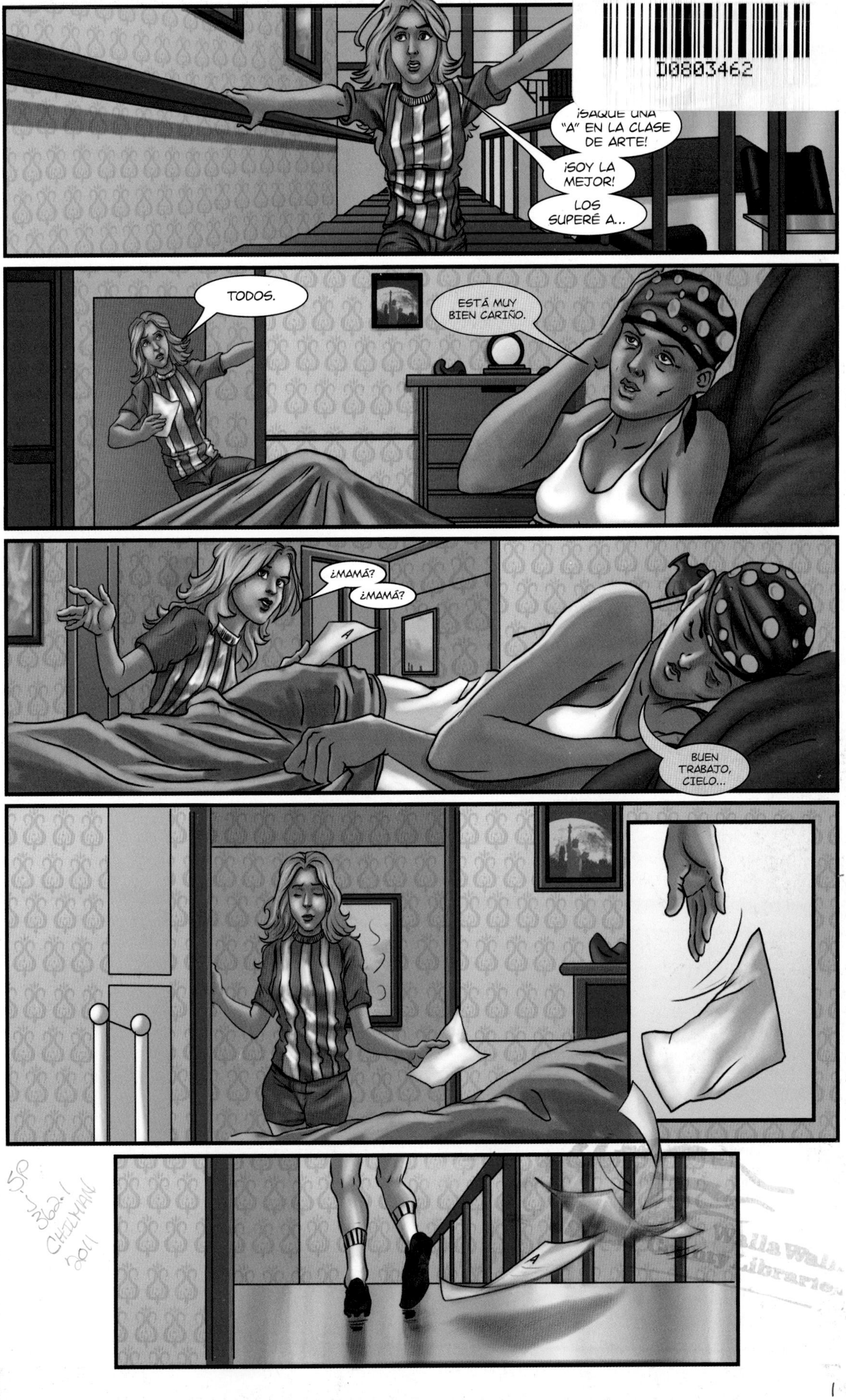

¡SAQUE UNA "A" EN LA CLASE DE ARTE!
¡SOY LA MEJOR!
LOS SUPERÉ A...
TODOS.
ESTÁ MUY BIEN CARIÑO.
¿MAMÁ?
¿MAMÁ?
BUEN TRABAJO, CIELO...

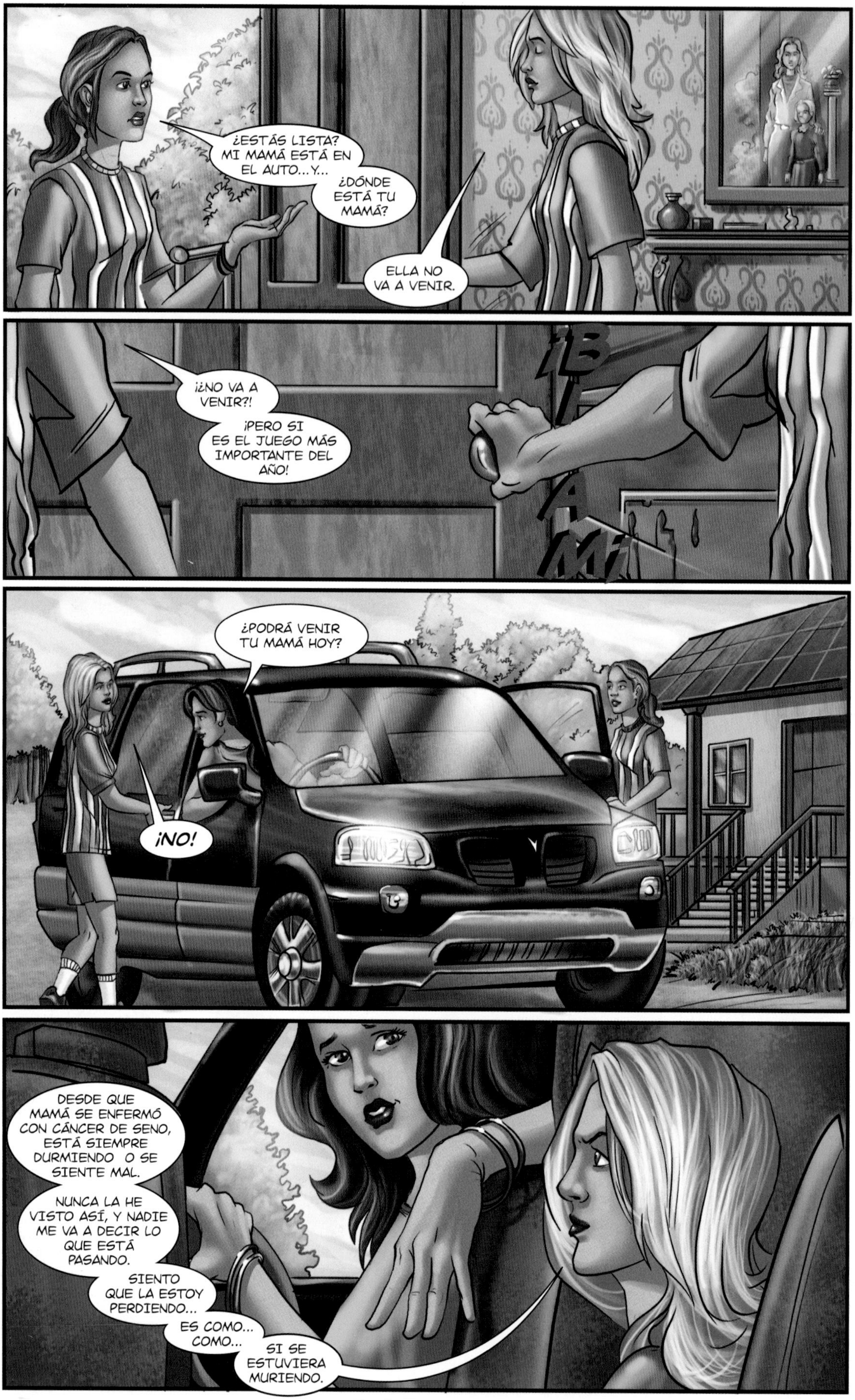
¿ESTÁS LISTA? MI MAMÁ ESTÁ EN EL AUTO... Y...
¿DÓNDE ESTÁ TU MAMÁ?
ELLA NO VA A VENIR.
¡¿NO VA A VENIR?!
¡PERO SI ES EL JUEGO MÁS IMPORTANTE DEL AÑO!
¡BLAM!
¿PODRÁ VENIR TU MAMÁ HOY?
¡NO!
DESDE QUE MAMÁ SE ENFERMÓ CON CÁNCER DE SENO, ESTÁ SIEMPRE DURMIENDO O SE SIENTE MAL.
NUNCA LA HE VISTO ASÍ, Y NADIE ME VA A DECIR LO QUE ESTÁ PASANDO.
SIENTO QUE LA ESTOY PERDIENDO...
ES COMO... COMO...
SI SE ESTUVIERA MURIENDO.

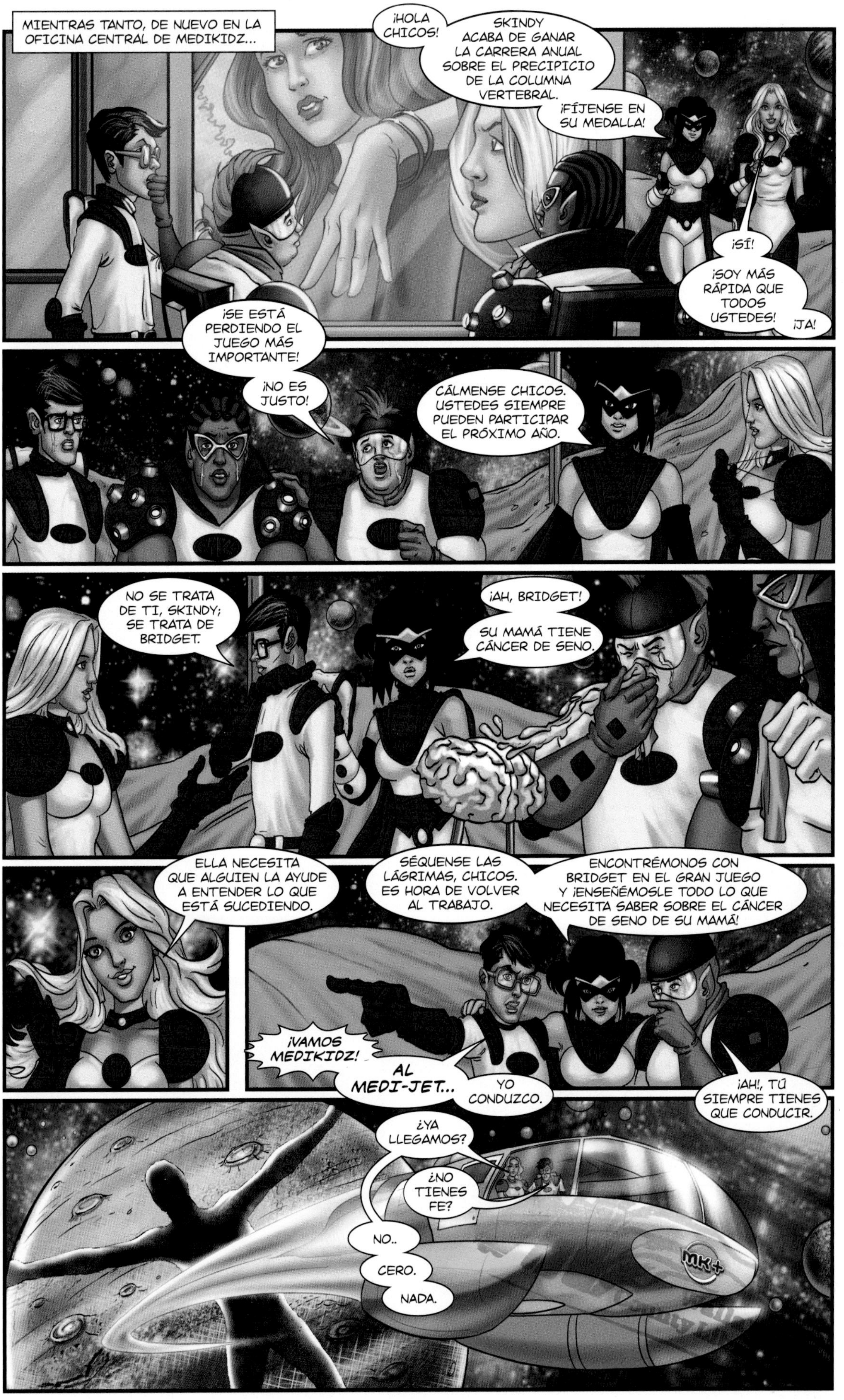
MIENTRAS TANTO, DE NUEVO EN LA OFICINA CENTRAL DE MEDIKIDZ...
¡HOLA CHICOS!
SKINDY ACABA DE GANAR LA CARRERA ANUAL SOBRE EL PRECIPICIO DE LA COLUMNA VERTEBRAL.
¡FÍJENSE EN SU MEDALLA!
¡SÍ!
¡SOY MÁS RÁPIDA QUE TODOS USTEDES!
¡JA!
¡SE ESTÁ PERDIENDO EL JUEGO MÁS IMPORTANTE!
¡NO ES JUSTO!
CÁLMENSE CHICOS. USTEDES SIEMPRE PUEDEN PARTICIPAR EL PRÓXIMO AÑO.
NO SE TRATA DE TI, SKINDY; SE TRATA DE BRIDGET.
¡AH, BRIDGET!
SU MAMÁ TIENE CÁNCER DE SENO.
ELLA NECESITA QUE ALGUIEN LA AYUDE A ENTENDER LO QUE ESTÁ SUCEDIENDO.
SÉQUENSE LAS LÁGRIMAS, CHICOS. ES HORA DE VOLVER AL TRABAJO.
ENCONTRÉMONOS CON BRIDGET EN EL GRAN JUEGO Y ¡ENSEÑÉMOSLE TODO LO QUE NECESITA SABER SOBRE EL CÁNCER DE SENO DE SU MAMÁ!
¡VAMOS MEDIKIDZ!
AL MEDI-JET...
YO CONDUZCO.
¡AH!, TÚ SIEMPRE TIENES QUE CONDUCIR.
¿YA LLEGAMOS?
¿NO TIENES FE?
NO..
CERO.
NADA.
MK+

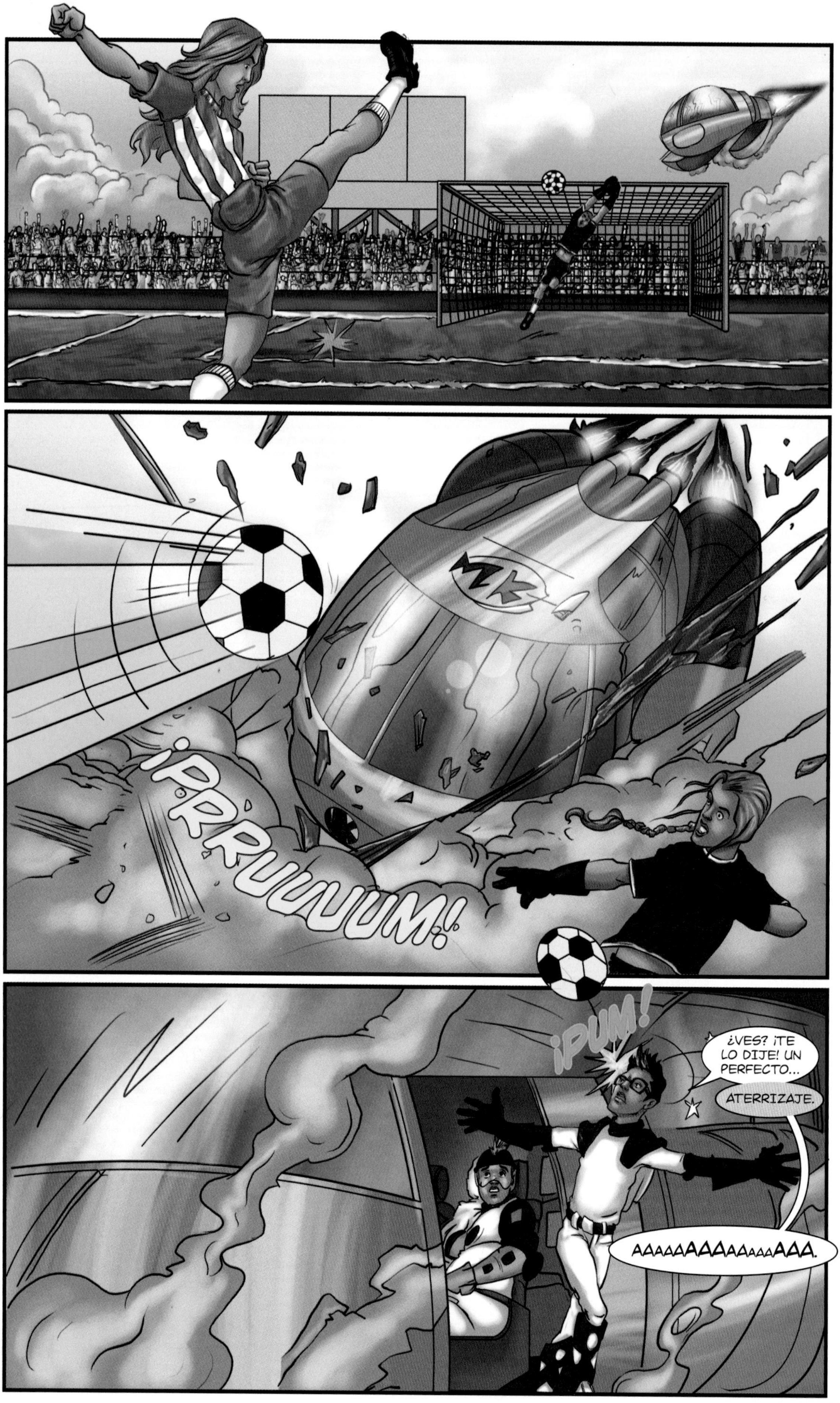

¡PRRUUUUUM!
¡PUM!
¿VES? ¡TE LO DIJE! UN PERFECTO...
ATERRIZAJE.
AAAAAAAAAAAAAAAAA.

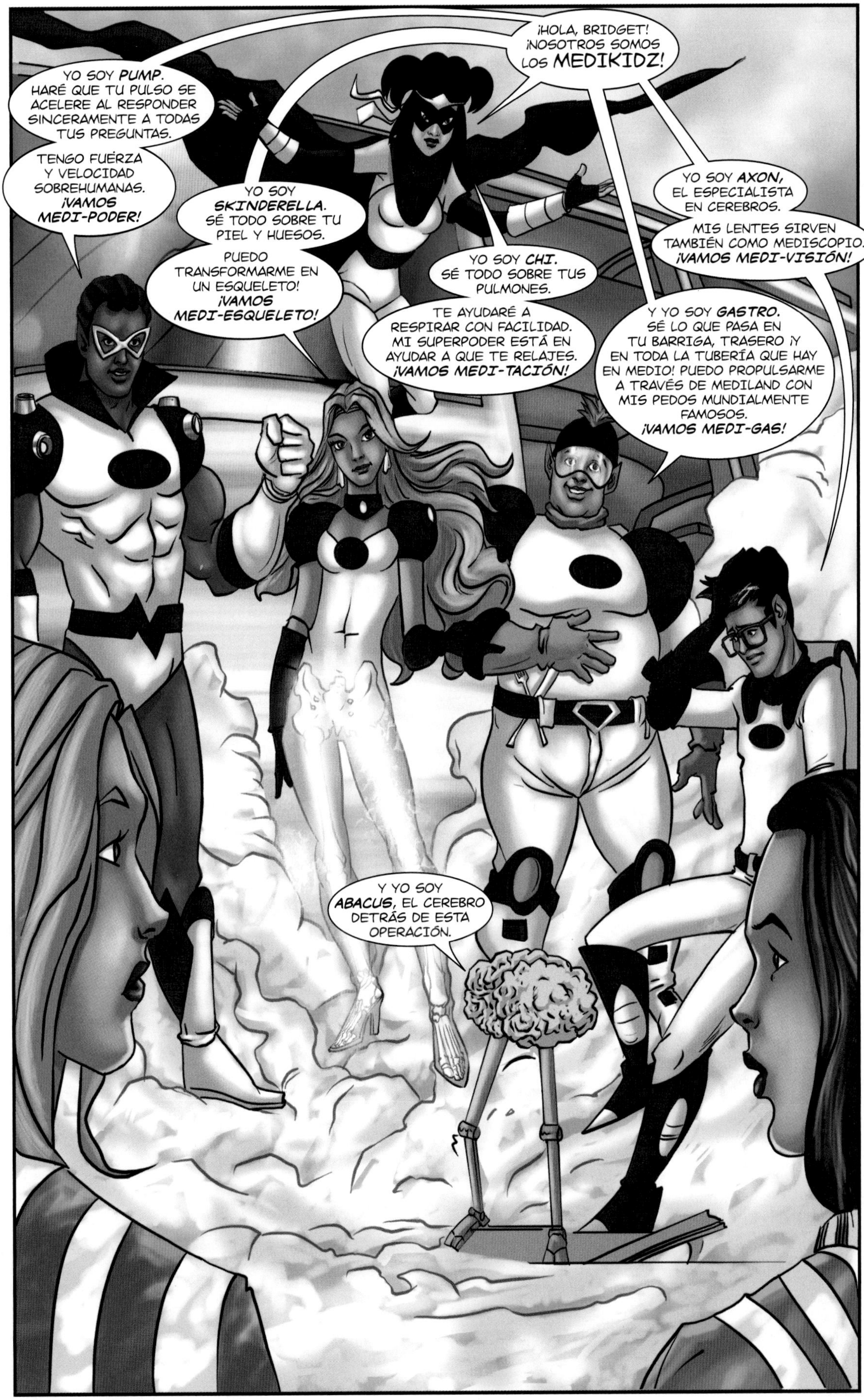
¡HOLA, BRIDGET! ¡NOSOTROS SOMOS LOS MEDIKIDZ!
YO SOY PUMP. HARÉ QUE TU PULSO SE ACELERE AL RESPONDER SINCERAMENTE A TODAS TUS PREGUNTAS.
TENGO FUERZA Y VELOCIDAD SOBREHUMANAS. ¡VAMOS MEDI-PODER!
YO SOY SKINDERELLA. SÉ TODO SOBRE TU PIEL Y HUESOS.
PUEDO TRANSFORMARME EN UN ESQUELETO! ¡VAMOS MEDI-ESQUELETO!
YO SOY CHI. SÉ TODO SOBRE TUS PULMONES.
TE AYUDARÉ A RESPIRAR CON FACILIDAD. MI SUPERPODER ESTÁ EN AYUDAR A QUE TE RELAJES. ¡VAMOS MEDI-TACIÓN!
YO SOY AXON, EL ESPECIALISTA EN CEREBROS.
MIS LENTES SIRVEN TAMBIÉN COMO MEDISCOPIO. ¡VAMOS MEDI-VISIÓN!
Y YO SOY GASTRO. SÉ LO QUE PASA EN TU BARRIGA, TRASERO ¡Y EN TODA LA TUBERÍA QUE HAY EN MEDIO! PUEDO PROPULSARME A TRAVÉS DE MEDILAND CON MIS PEDOS MUNDIALMENTE FAMOSOS. ¡VAMOS MEDI-GAS!
Y YO SOY ABACUS, EL CEREBRO DETRÁS DE ESTA OPERACIÓN.

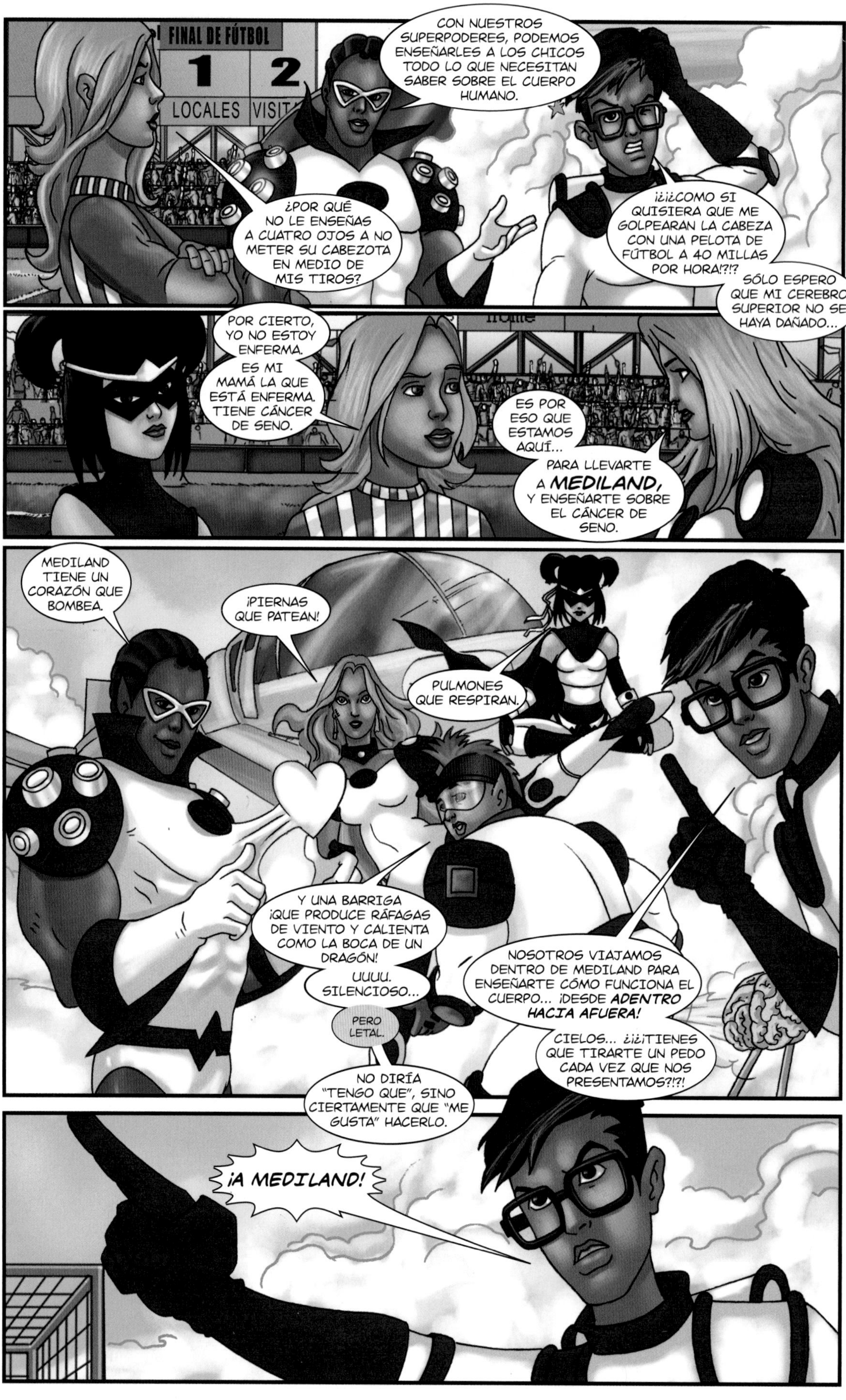
FINAL DE FÚTBOL
1 2
LOCALES VISIT
CON NUESTROS SUPERPODERES, PODEMOS ENSEÑARLES A LOS CHICOS TODO LO QUE NECESITAN SABER SOBRE EL CUERPO HUMANO.
¿POR QUÉ NO LE ENSEÑAS A CUATRO OJOS A NO METER SU CABEZOTA EN MEDIO DE MIS TIROS?
¡¿¡¿COMO SI QUISIERA QUE ME GOLPEARAN LA CABEZA CON UNA PELOTA DE FÚTBOL A 40 MILLAS POR HORA!?!?
SÓLO ESPERO QUE MI CEREBRO SUPERIOR NO SE HAYA DAÑADO...
POR CIERTO, YO NO ESTOY ENFERMA.
ES MI MAMÁ LA QUE ESTÁ ENFERMA. TIENE CÁNCER DE SENO.
ES POR ESO QUE ESTAMOS AQUÍ...
PARA LLEVARTE A MEDILAND, Y ENSEÑARTE SOBRE EL CÁNCER DE SENO.
MEDILAND TIENE UN CORAZÓN QUE BOMBEA.
¡PIERNAS QUE PATEAN!
PULMONES QUE RESPIRAN.
Y UNA BARRIGA ¡QUE PRODUCE RÁFAGAS DE VIENTO Y CALIENTA COMO LA BOCA DE UN DRAGÓN!
UUUU. SILENCIOSO...
PERO LETAL.
NOSOTROS VIAJAMOS DENTRO DE MEDILAND PARA ENSEÑARTE CÓMO FUNCIONA EL CUERPO... ¡DESDE ADENTRO HACIA AFUERA!
CIELOS... ¡¿¡¿TIENES QUE TIRARTE UN PEDO CADA VEZ QUE NOS PRESENTAMOS?!?!
NO DIRÍA "TENGO QUE", SINO CIERTAMENTE QUE "ME GUSTA" HACERLO.
¡A MEDILAND!

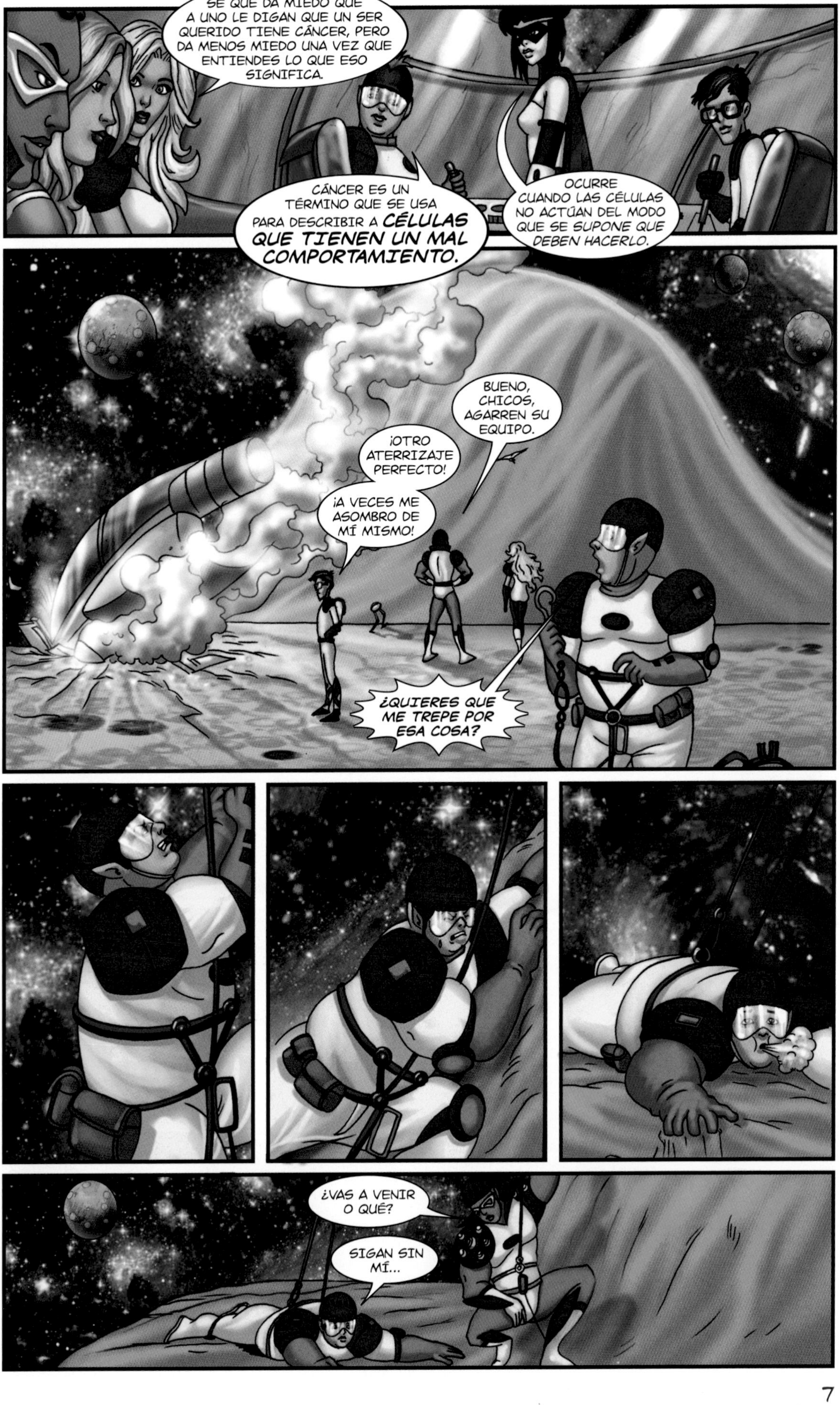
SÉ QUE DA MIEDO QUE A UNO LE DIGAN QUE UN SER QUERIDO TIENE CÁNCER, PERO DA MENOS MIEDO UNA VEZ QUE ENTIENDES LO QUE ESO SIGNIFICA.
CÁNCER ES UN TÉRMINO QUE SE USA PARA DESCRIBIR A CÉLULAS QUE TIENEN UN MAL COMPORTAMIENTO.
OCURRE CUANDO LAS CÉLULAS NO ACTÚAN DEL MODO QUE SE SUPONE QUE DEBEN HACERLO.
¡OTRO ATERRIZAJE PERFECTO!
¡A VECES ME ASOMBRO DE MÍ MISMO!
BUENO, CHICOS, AGARREN SU EQUIPO.
¿QUIERES QUE ME TREPE POR ESA COSA?
¿VAS A VENIR O QUÉ?
SIGAN SIN MÍ...

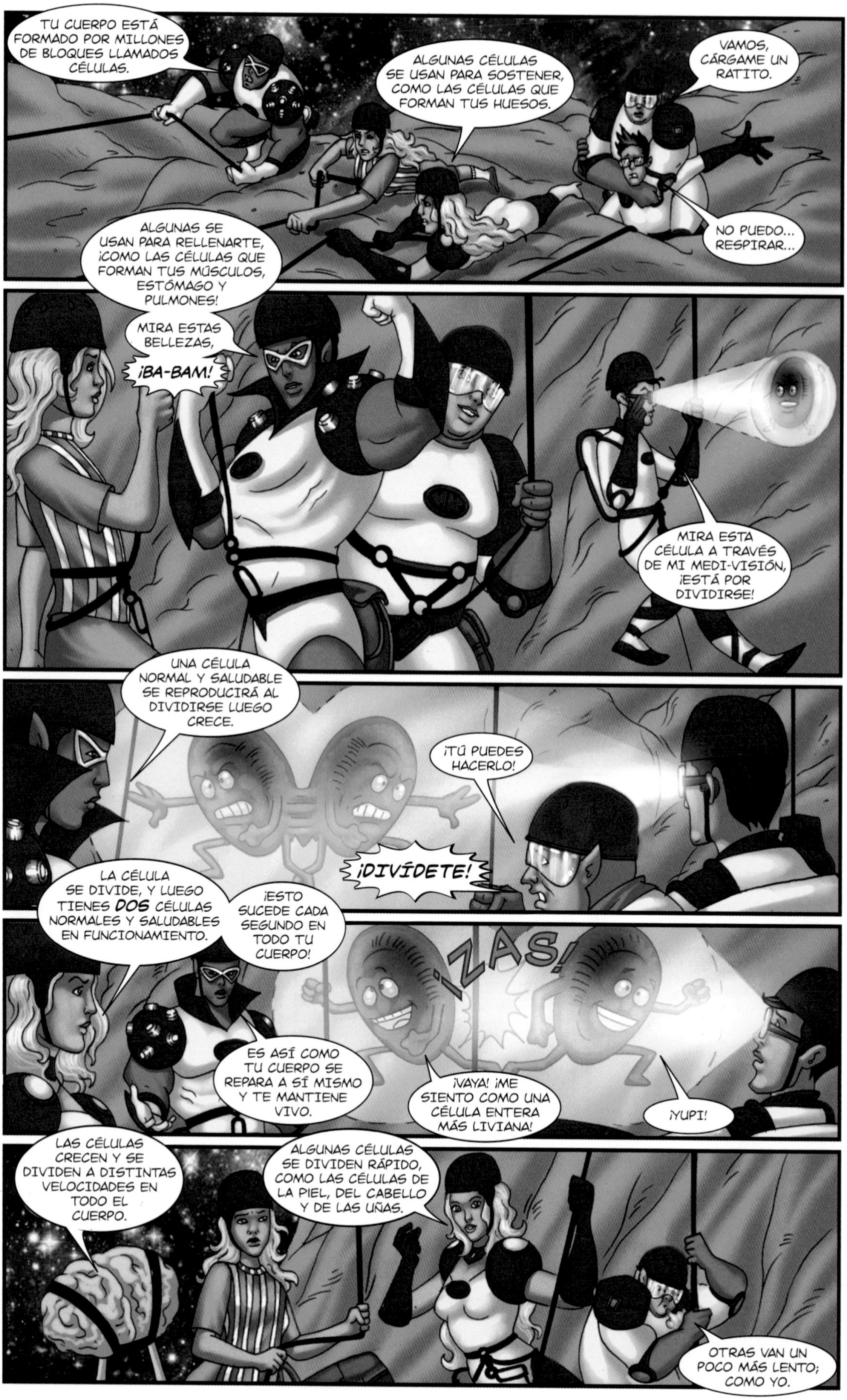
TU CUERPO ESTÁ FORMADO POR MILLONES DE BLOQUES LLAMADOS CÉLULAS.
ALGUNAS CÉLULAS SE USAN PARA SOSTENER, COMO LAS CÉLULAS QUE FORMAN TUS HUESOS.
VAMOS, CÁRGAME UN RATITO.
ALGUNAS SE USAN PARA RELLENARTE, ¡COMO LAS CÉLULAS QUE FORMAN TUS MÚSCULOS, ESTÓMAGO Y PULMONES!
NO PUEDO... RESPIRAR...
MIRA ESTAS BELLEZAS,
¡BA-BAM!
MIRA ESTA CÉLULA A TRAVÉS DE MI MEDI-VISIÓN, ¡ESTÁ POR DIVIDIRSE!
UNA CÉLULA NORMAL Y SALUDABLE SE REPRODUCIRÁ AL DIVIDIRSE LUEGO CRECE.
¡TÚ PUEDES HACERLO!
¡DIVÍDETE!
LA CÉLULA SE DIVIDE, Y LUEGO TIENES DOS CÉLULAS NORMALES Y SALUDABLES EN FUNCIONAMIENTO.
¡ESTO SUCEDE CADA SEGUNDO EN TODO TU CUERPO!
¡ZAS!
ES ASÍ COMO TU CUERPO SE REPARA A SÍ MISMO Y TE MANTIENE VIVO.
¡VAYA! ¡ME SIENTO COMO UNA CÉLULA ENTERA MÁS LIVIANA!
¡YUPI!
LAS CÉLULAS CRECEN Y SE DIVIDEN A DISTINTAS VELOCIDADES EN TODO EL CUERPO.
ALGUNAS CÉLULAS SE DIVIDEN RÁPIDO, COMO LAS CÉLULAS DE LA PIEL, DEL CABELLO Y DE LAS UÑAS.
OTRAS VAN UN POCO MÁS LENTO; COMO YO.

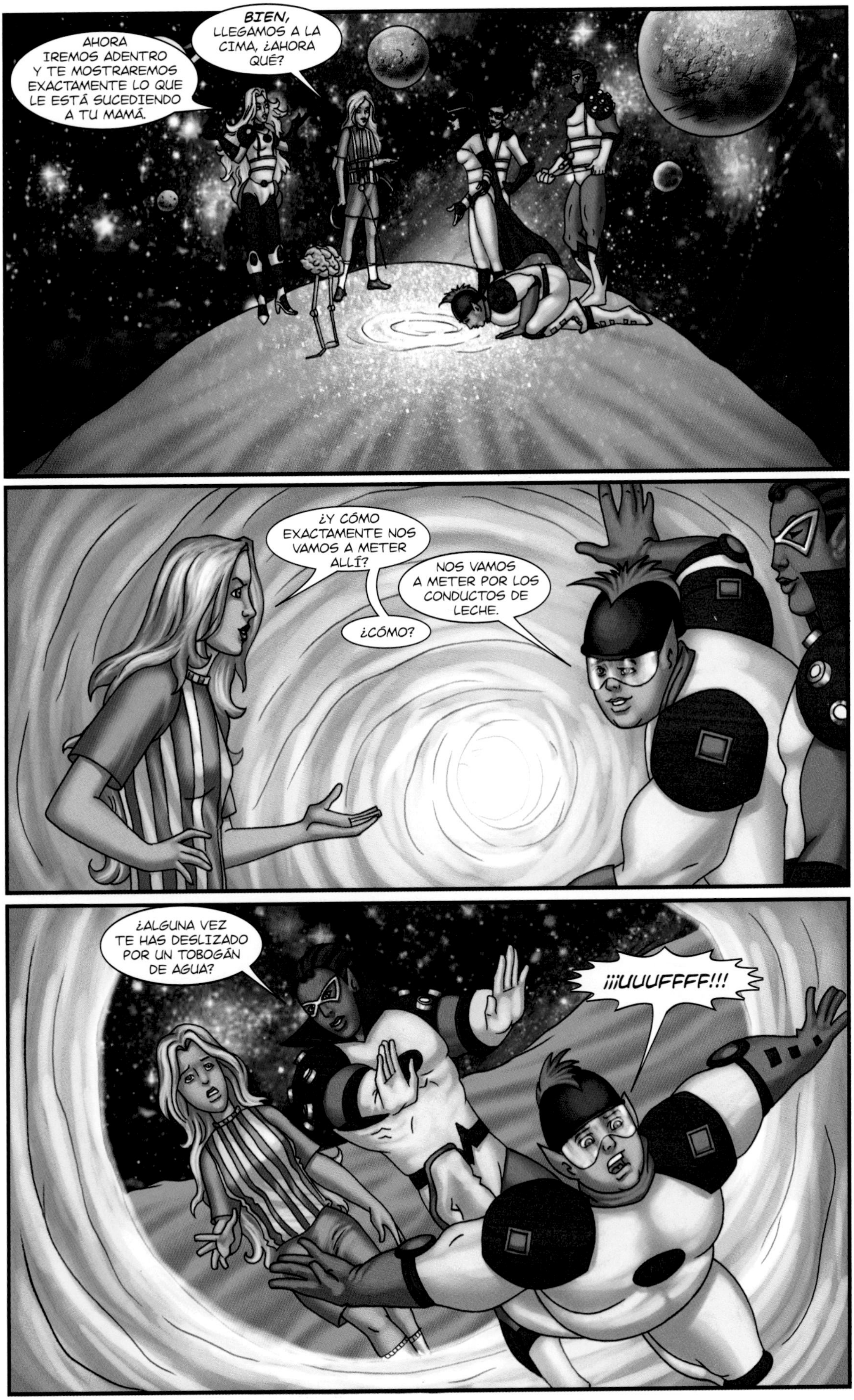
AHORA IREMOS ADENTRO Y TE MOSTRAREMOS EXACTAMENTE LO QUE LE ESTÁ SUCEDIENDO A TU MAMÁ.
BIEN, LLEGAMOS A LA CIMA, ¿AHORA QUÉ?
¿Y CÓMO EXACTAMENTE NOS VAMOS A METER ALLÍ?
¿CÓMO?
NOS VAMOS A METER POR LOS CONDUCTOS DE LECHE.
¿ALGUNA VEZ TE HAS DESLIZADO POR UN TOBOGÁN DE AGUA?
¡¡¡UUUFFFF!!!

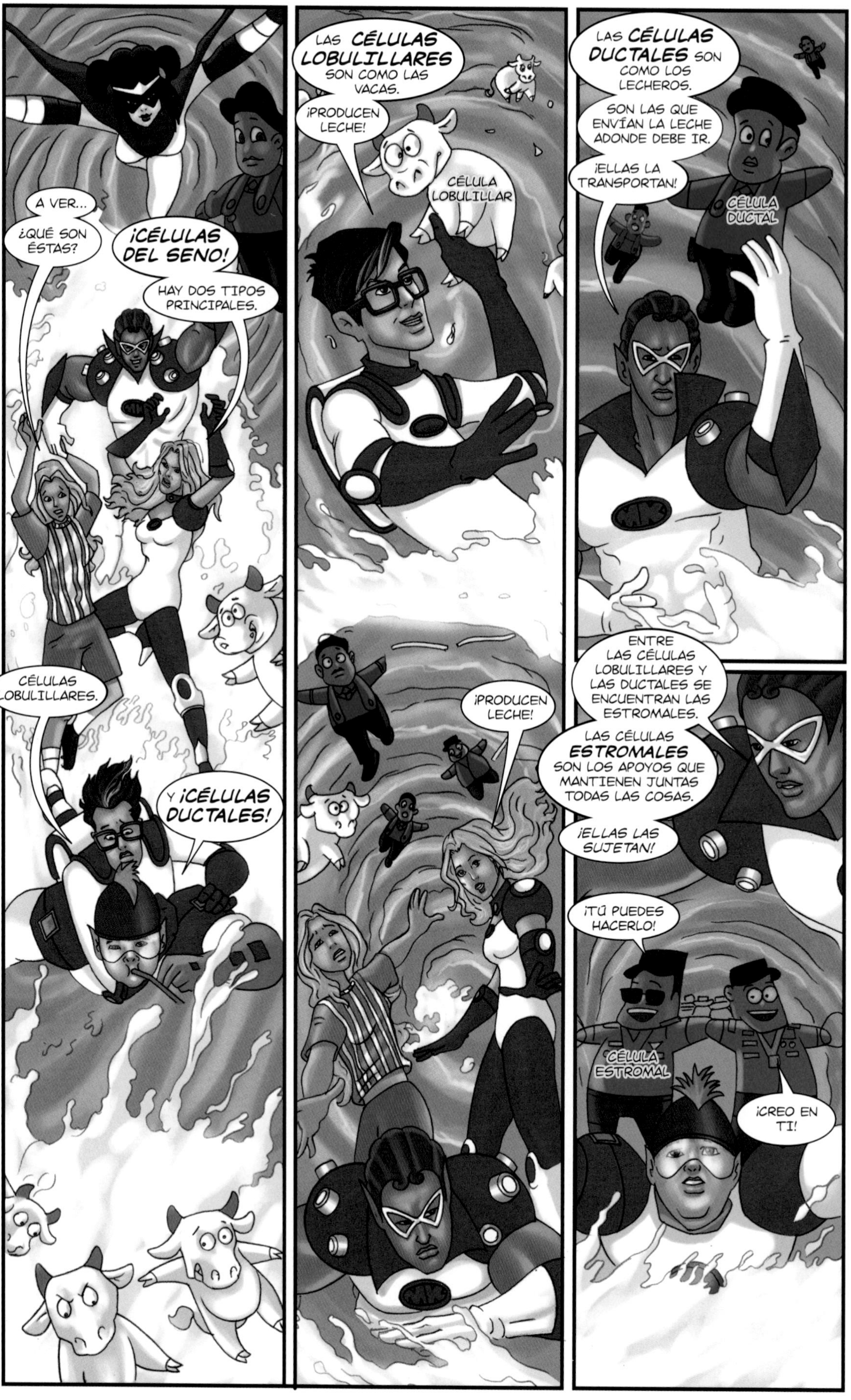
A VER...
¿QUÉ SON ÉSTAS?
¡CÉLULAS DEL SENO!
HAY DOS TIPOS PRINCIPALES.
CÉLULAS LOBULILLARES.
Y ¡CÉLULAS DUCTALES!
LAS CÉLULAS LOBULILLARES SON COMO LAS VACAS.
¡PRODUCEN LECHE!
CÉLULA LOBULILLAR
¡PRODUCEN LECHE!
LAS CÉLULAS DUCTALES SON COMO LOS LECHEROS.
SON LAS QUE ENVÍAN LA LECHE ADONDE DEBE IR.
¡ELLAS LA TRANSPORTAN!
CÉLULA DUCTAL
ENTRE LAS CÉLULAS LOBULILLARES Y LAS DUCTALES SE ENCUENTRAN LAS ESTROMALES.
LAS CÉLULAS ESTROMALES SON LOS APOYOS QUE MANTIENEN JUNTAS TODAS LAS COSAS.
¡ELLAS LAS SUJETAN!
¡TÚ PUEDES HACERLO!
CÉLULA ESTROMAL
¡CREO EN TI!

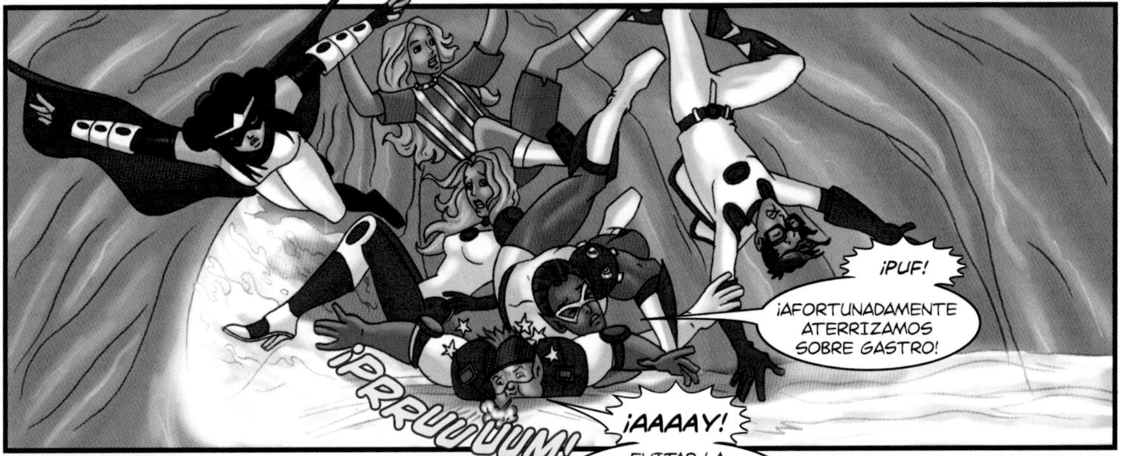
¡PUF!
¡AFORTUNADAMENTE ATERRIZAMOS SOBRE GASTRO!
¡PRRUUUUUM!
¡AAAAY!

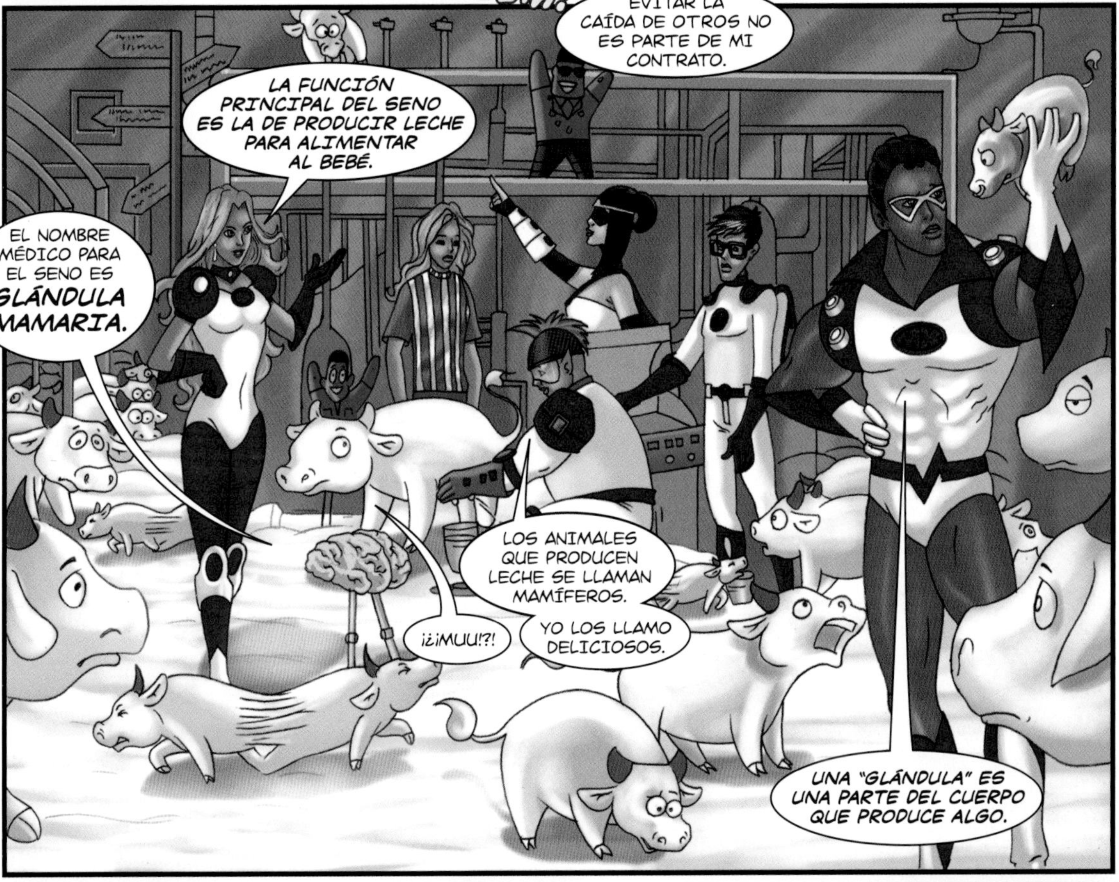
EVITAR LA CAÍDA DE OTROS NO ES PARTE DE MI CONTRATO.
LA FUNCIÓN PRINCIPAL DEL SENO ES LA DE PRODUCIR LECHE PARA ALIMENTAR AL BEBÉ.
EL NOMBRE MÉDICO PARA EL SENO ES GLÁNDULA MAMARIA.
LOS ANIMALES QUE PRODUCEN LECHE SE LLAMAN MAMÍFEROS.
YO LOS LLAMO DELICIOSOS.
¡¿¡MUU!?!
UNA "GLÁNDULA" ES UNA PARTE DEL CUERPO QUE PRODUCE ALGO.

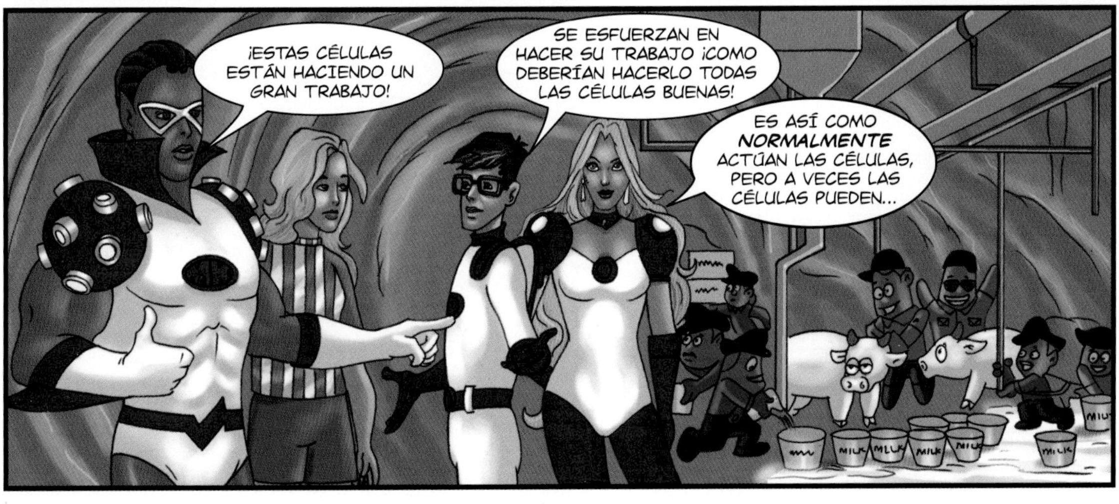
¡ESTAS CÉLULAS ESTÁN HACIENDO UN GRAN TRABAJO!
SE ESFUERZAN EN HACER SU TRABAJO ¡COMO DEBERÍAN HACERLO TODAS LAS CÉLULAS BUENAS!
ES ASÍ COMO NORMALMENTE ACTÚAN LAS CÉLULAS, PERO A VECES LAS CÉLULAS PUEDEN...
MILK

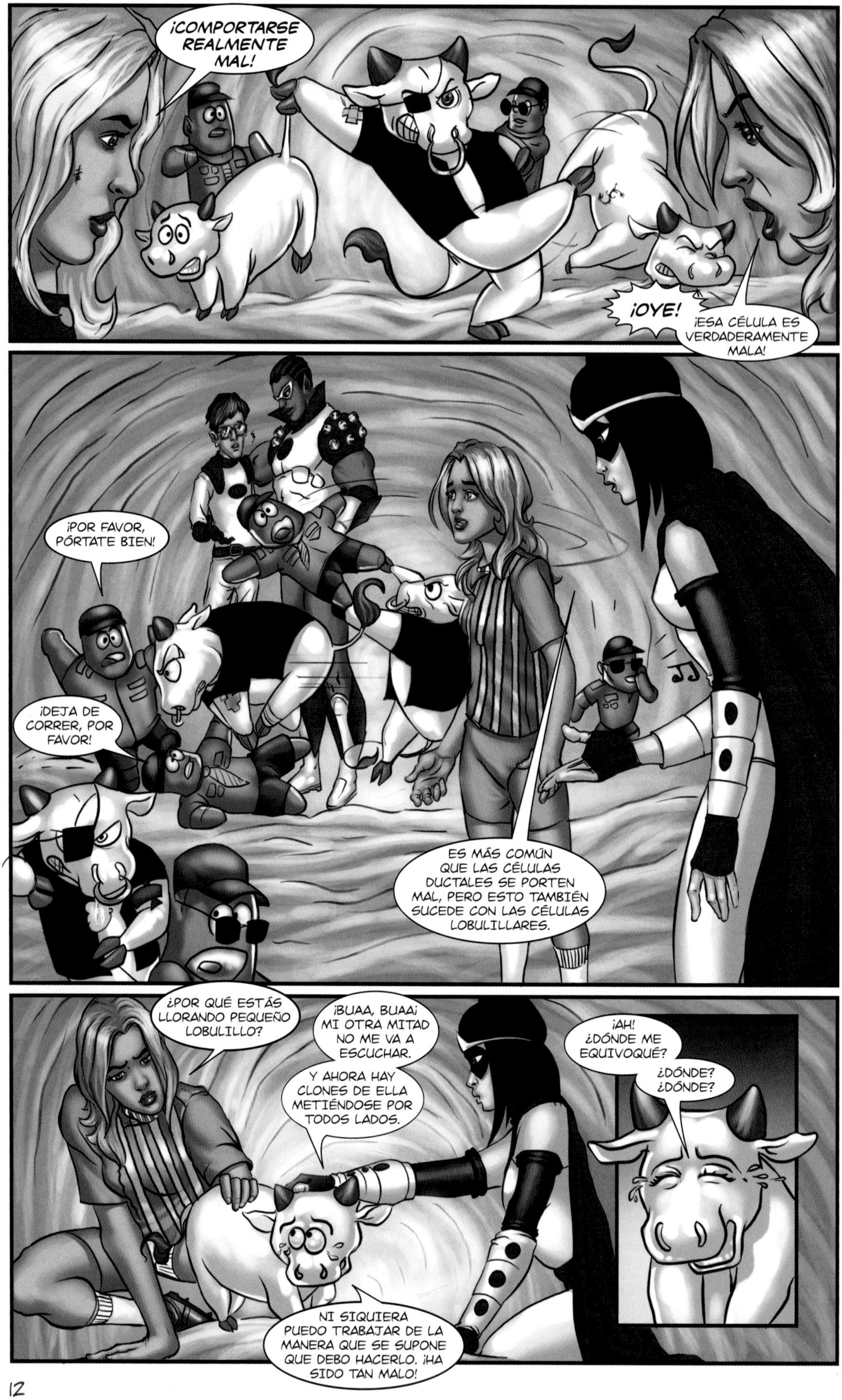
¡COMPORTARSE REALMENTE MAL!
¡OYE!
¡ESA CÉLULA ES VERDADERAMENTE MALA!
¡POR FAVOR, PÓRTATE BIEN!
¡DEJA DE CORRER, POR FAVOR!
ES MÁS COMÚN QUE LAS CÉLULAS DUCTALES SE PORTEN MAL, PERO ESTO TAMBIÉN SUCEDE CON LAS CÉLULAS LOBULILLARES.
¿POR QUÉ ESTÁS LLORANDO PEQUEÑO LOBULILLO?
¡BUAA, BUAA¡ MI OTRA MITAD NO ME VA A ESCUCHAR.
Y AHORA HAY CLONES DE ELLA METIÉNDOSE POR TODOS LADOS.
NI SIQUIERA PUEDO TRABAJAR DE LA MANERA QUE SE SUPONE QUE DEBO HACERLO. ¡HA SIDO TAN MALO!
¡AH! ¿DÓNDE ME EQUIVOQUÉ?
¿DÓNDE? ¿DÓNDE?

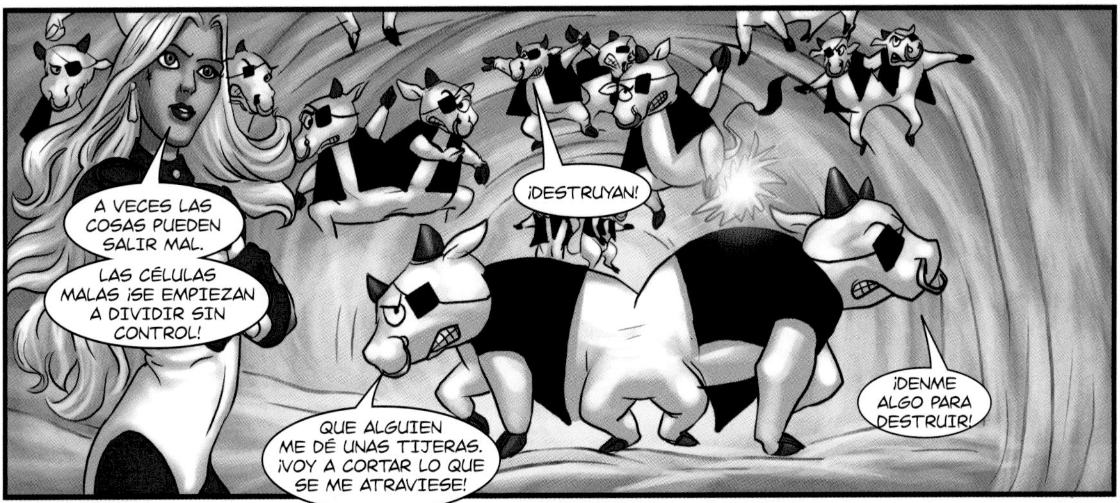
A VECES LAS COSAS PUEDEN SALIR MAL.
LAS CÉLULAS MALAS ¡SE EMPIEZAN A DIVIDIR SIN CONTROL!
¡DESTRUYAN!
QUE ALGUIEN ME DÉ UNAS TIJERAS. ¡VOY A CORTAR LO QUE SE ME ATRAVIESE!
¡DENME ALGO PARA DESTRUIR!

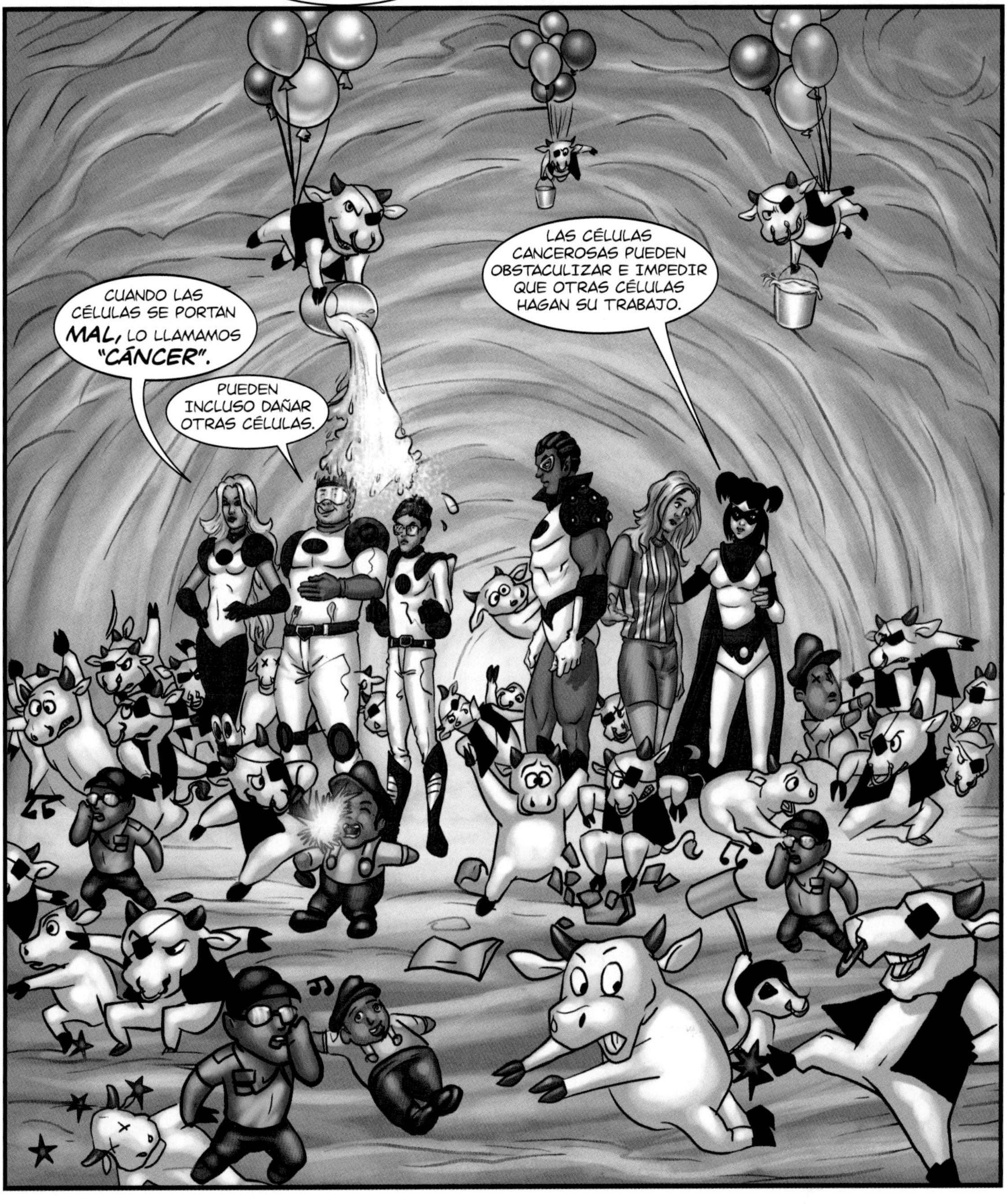
CUANDO LAS CÉLULAS SE PORTAN **MAL**, LO LLAMAMOS **"CÁNCER"**.
PUEDEN INCLUSO DAÑAR OTRAS CÉLULAS.
LAS CÉLULAS CANCEROSAS PUEDEN OBSTACULIZAR E IMPEDIR QUE OTRAS CÉLULAS HAGAN SU TRABAJO.

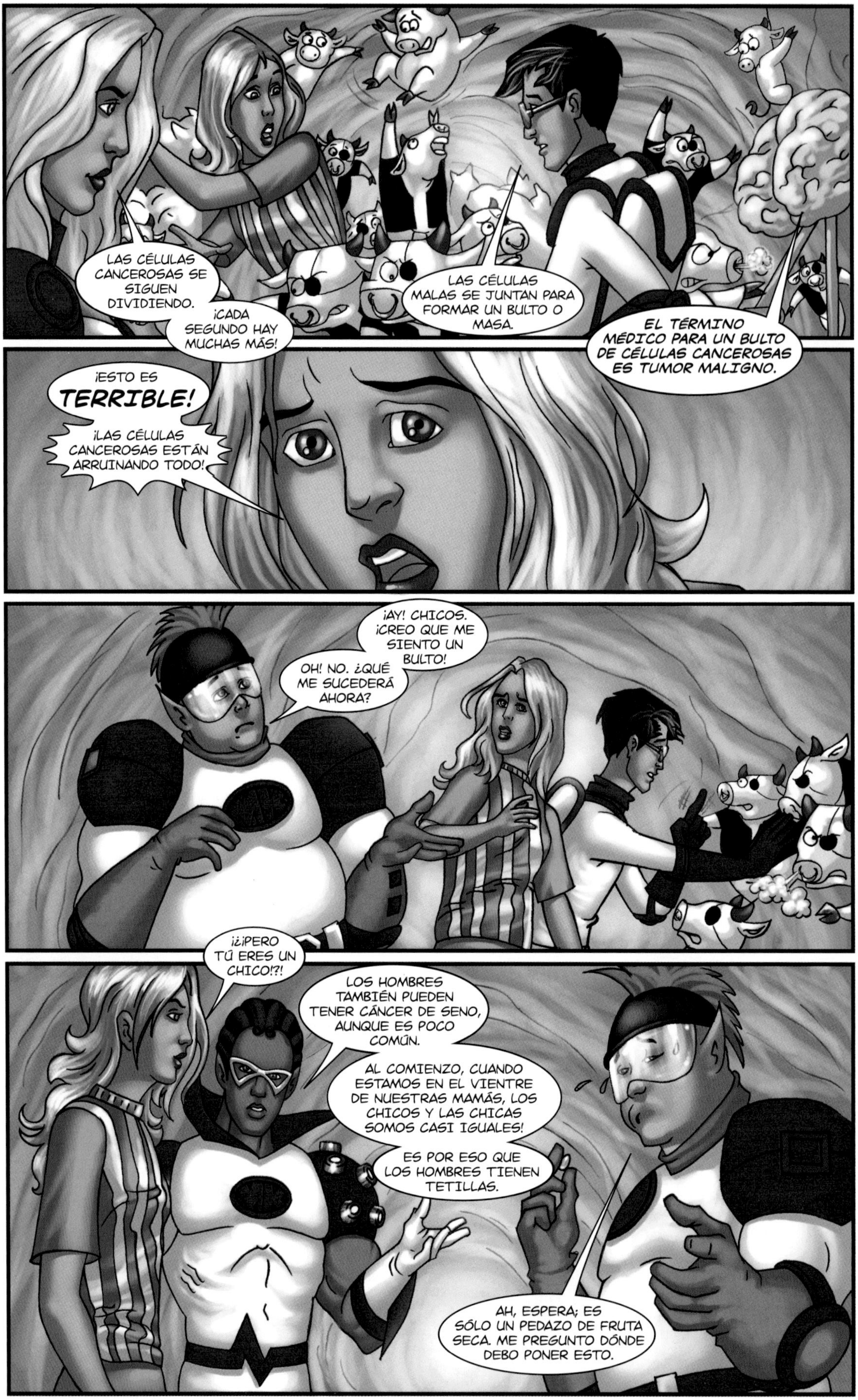
LAS CÉLULAS CANCEROSAS SE SIGUEN DIVIDIENDO.
¡CADA SEGUNDO HAY MUCHAS MÁS!
LAS CÉLULAS MALAS SE JUNTAN PARA FORMAR UN BULTO O MASA.
EL TÉRMINO MÉDICO PARA UN BULTO DE CÉLULAS CANCEROSAS ES TUMOR MALIGNO.
¡ESTO ES TERRIBLE!
¡LAS CÉLULAS CANCEROSAS ESTÁN ARRUINANDO TODO!
¡AY! CHICOS. ¡CREO QUE ME SIENTO UN BULTO!
OH! NO. ¿QUÉ ME SUCEDERÁ AHORA?
¡¿¡PERO TÚ ERES UN CHICO!?!
LOS HOMBRES TAMBIÉN PUEDEN TENER CÁNCER DE SENO, AUNQUE ES POCO COMÚN.
AL COMIENZO, CUANDO ESTAMOS EN EL VIENTRE DE NUESTRAS MAMÁS, LOS CHICOS Y LAS CHICAS SOMOS CASI IGUALES!
ES POR ESO QUE LOS HOMBRES TIENEN TETILLAS.
AH, ESPERA; ES SÓLO UN PEDAZO DE FRUTA SECA. ME PREGUNTO DÓNDE DEBO PONER ESTO.

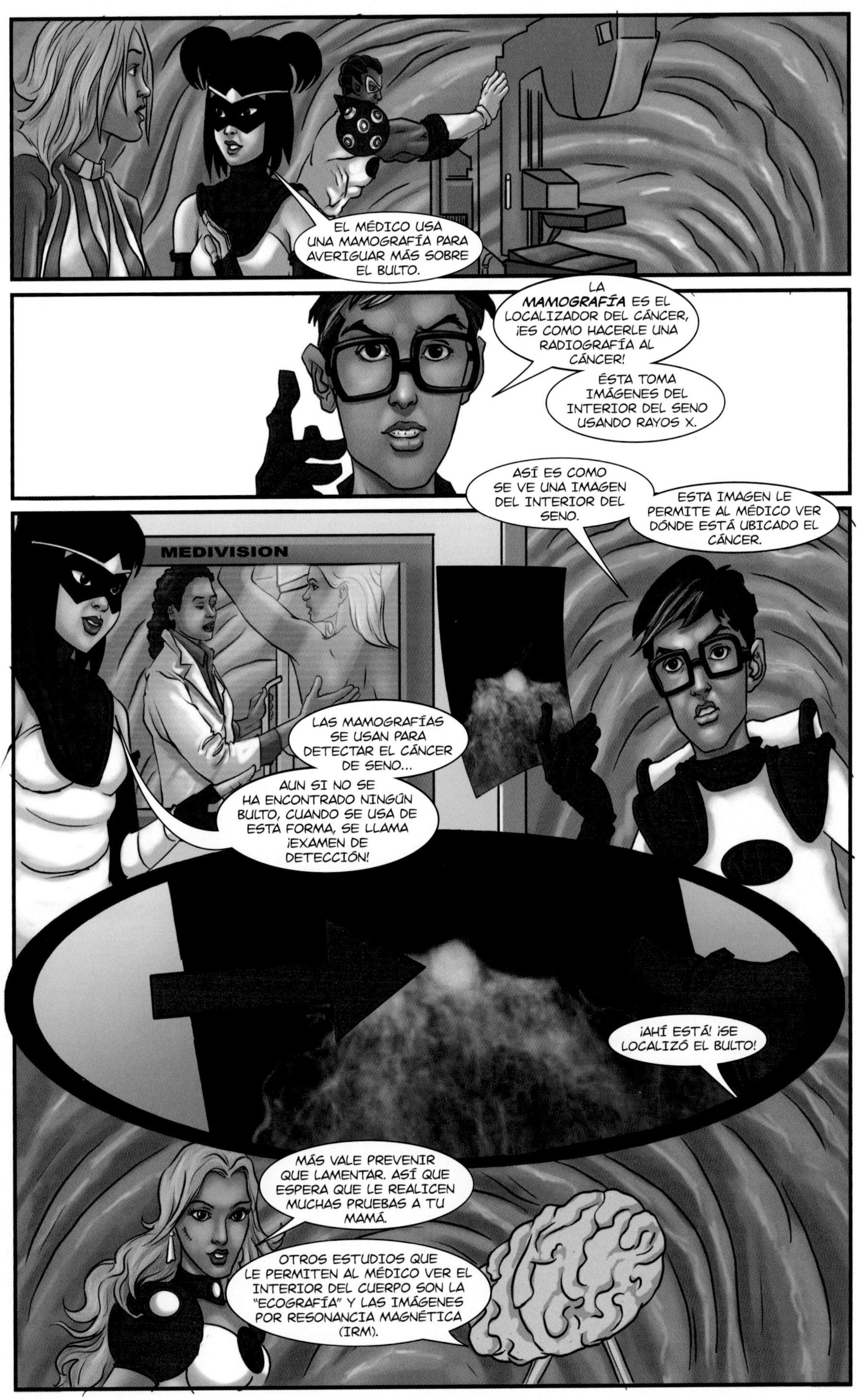
EL MÉDICO USA UNA MAMOGRAFÍA PARA AVERIGUAR MÁS SOBRE EL BULTO.
LA **MAMOGRAFÍA** ES EL LOCALIZADOR DEL CÁNCER, ¡ES COMO HACERLE UNA RADIOGRAFÍA AL CÁNCER!
ÉSTA TOMA IMÁGENES DEL INTERIOR DEL SENO USANDO RAYOS X.
ASÍ ES COMO SE VE UNA IMAGEN DEL INTERIOR DEL SENO.
ESTA IMAGEN LE PERMITE AL MÉDICO VER DÓNDE ESTÁ UBICADO EL CÁNCER.
MEDIVISION
LAS MAMOGRAFÍAS SE USAN PARA DETECTAR EL CÁNCER DE SENO...
AUN SI NO SE HA ENCONTRADO NINGÚN BULTO, CUANDO SE USA DE ESTA FORMA, SE LLAMA ¡EXAMEN DE DETECCIÓN!
¡AHÍ ESTÁ! ¡SE LOCALIZÓ EL BULTO!
MÁS VALE PREVENIR QUE LAMENTAR. ASÍ QUE ESPERA QUE LE REALICEN MUCHAS PRUEBAS A TU MAMÁ.
OTROS ESTUDIOS QUE LE PERMITEN AL MÉDICO VER EL INTERIOR DEL CUERPO SON LA "ECOGRAFÍA" Y LAS IMÁGENES POR RESONANCIA MAGNÉTICA (IRM).

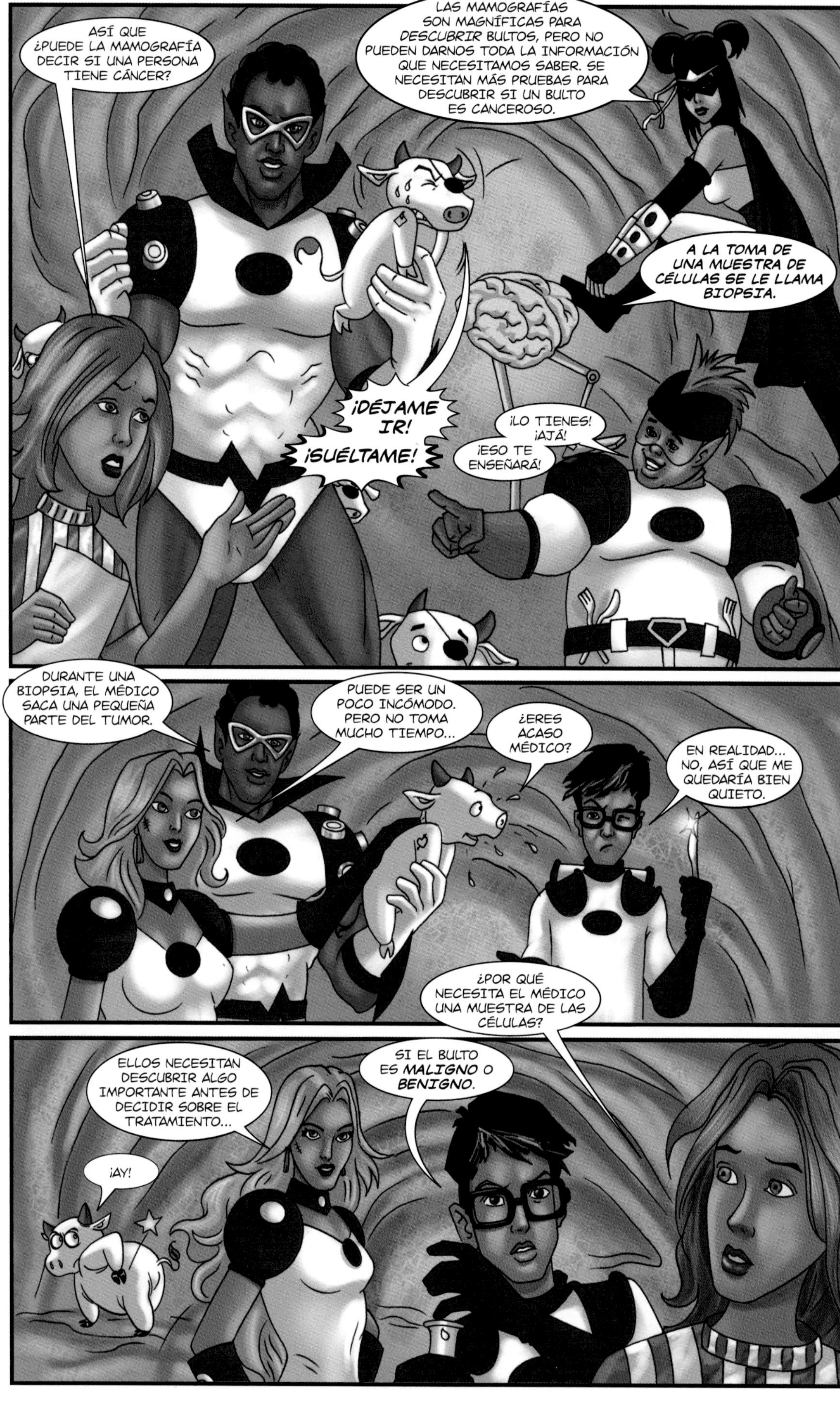
ASÍ QUE ¿PUEDE LA MAMOGRAFÍA DECIR SI UNA PERSONA TIENE CÁNCER?
LAS MAMOGRAFÍAS SON MAGNÍFICAS PARA DESCUBRIR BULTOS, PERO NO PUEDEN DARNOS TODA LA INFORMACIÓN QUE NECESITAMOS SABER. SE NECESITAN MÁS PRUEBAS PARA DESCUBRIR SI UN BULTO ES CANCEROSO.
A LA TOMA DE UNA MUESTRA DE CÉLULAS SE LE LLAMA BIOPSIA.
¡DÉJAME IR!
¡SUÉLTAME!
¡LO TIENES! ¡AJÁ!
¡ESO TE ENSEÑARÁ!
DURANTE UNA BIOPSIA, EL MÉDICO SACA UNA PEQUEÑA PARTE DEL TUMOR.
PUEDE SER UN POCO INCÓMODO. PERO NO TOMA MUCHO TIEMPO...
¿ERES ACASO MÉDICO?
EN REALIDAD... NO, ASÍ QUE ME QUEDARÍA BIEN QUIETO.
¿POR QUÉ NECESITA EL MÉDICO UNA MUESTRA DE LAS CÉLULAS?
ELLOS NECESITAN DESCUBRIR ALGO IMPORTANTE ANTES DE DECIDIR SOBRE EL TRATAMIENTO...
SI EL BULTO ES MALIGNO O BENIGNO.
¡AY!

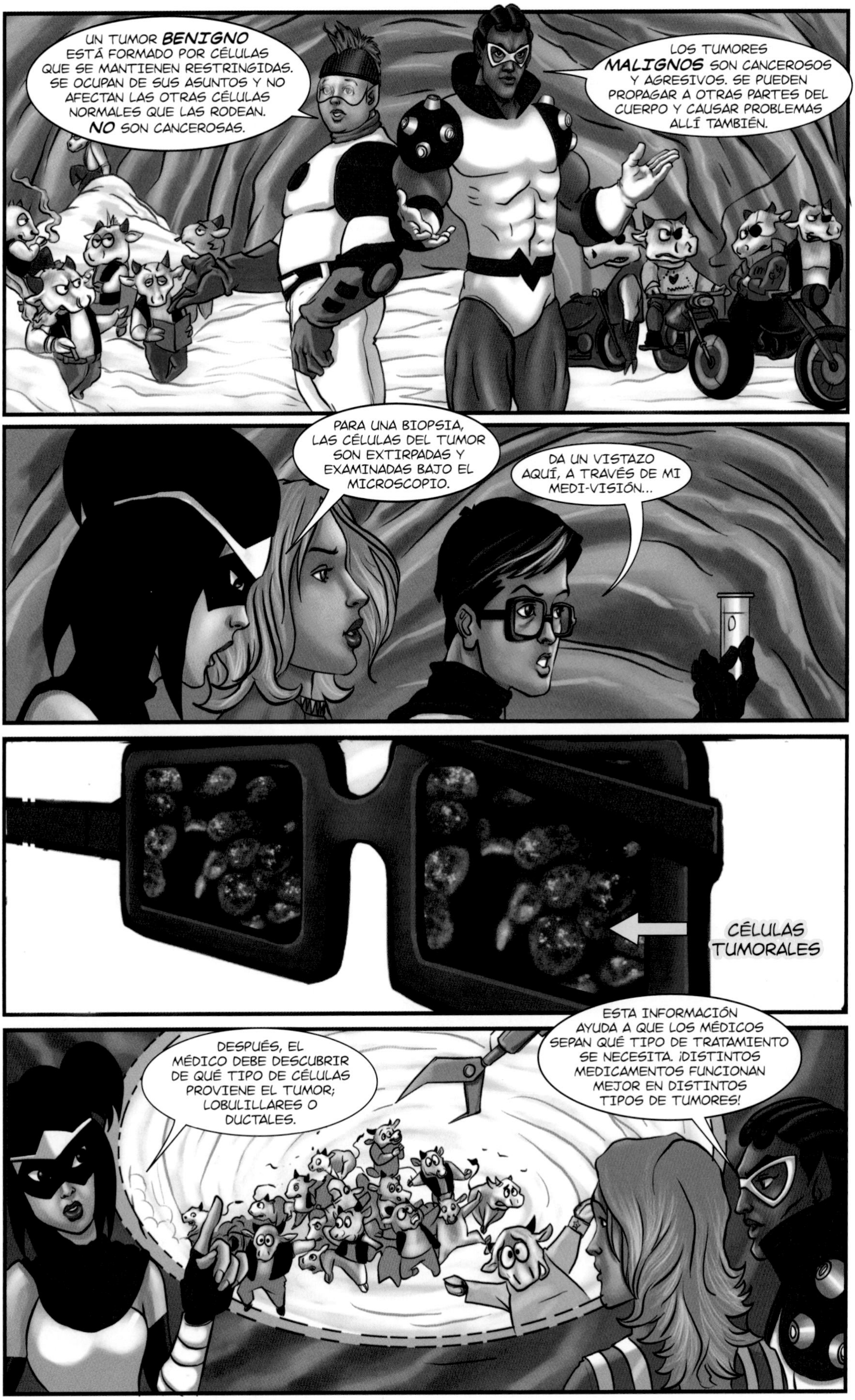
UN TUMOR BENIGNO ESTÁ FORMADO POR CÉLULAS QUE SE MANTIENEN RESTRINGIDAS. SE OCUPAN DE SUS ASUNTOS Y NO AFECTAN LAS OTRAS CÉLULAS NORMALES QUE LAS RODEAN. NO SON CANCEROSAS.
LOS TUMORES MALIGNOS SON CANCEROSOS Y AGRESIVOS. SE PUEDEN PROPAGAR A OTRAS PARTES DEL CUERPO Y CAUSAR PROBLEMAS ALLÍ TAMBIÉN.
PARA UNA BIOPSIA, LAS CÉLULAS DEL TUMOR SON EXTIRPADAS Y EXAMINADAS BAJO EL MICROSCOPIO.
DA UN VISTAZO AQUÍ, A TRAVÉS DE MI MEDI-VISIÓN...
CÉLULAS TUMORALES
DESPUÉS, EL MÉDICO DEBE DESCUBRIR DE QUÉ TIPO DE CÉLULAS PROVIENE EL TUMOR; LOBULILLARES O DUCTALES.
ESTA INFORMACIÓN AYUDA A QUE LOS MÉDICOS SEPAN QUÉ TIPO DE TRATAMIENTO SE NECESITA. ¡DISTINTOS MEDICAMENTOS FUNCIONAN MEJOR EN DISTINTOS TIPOS DE TUMORES!

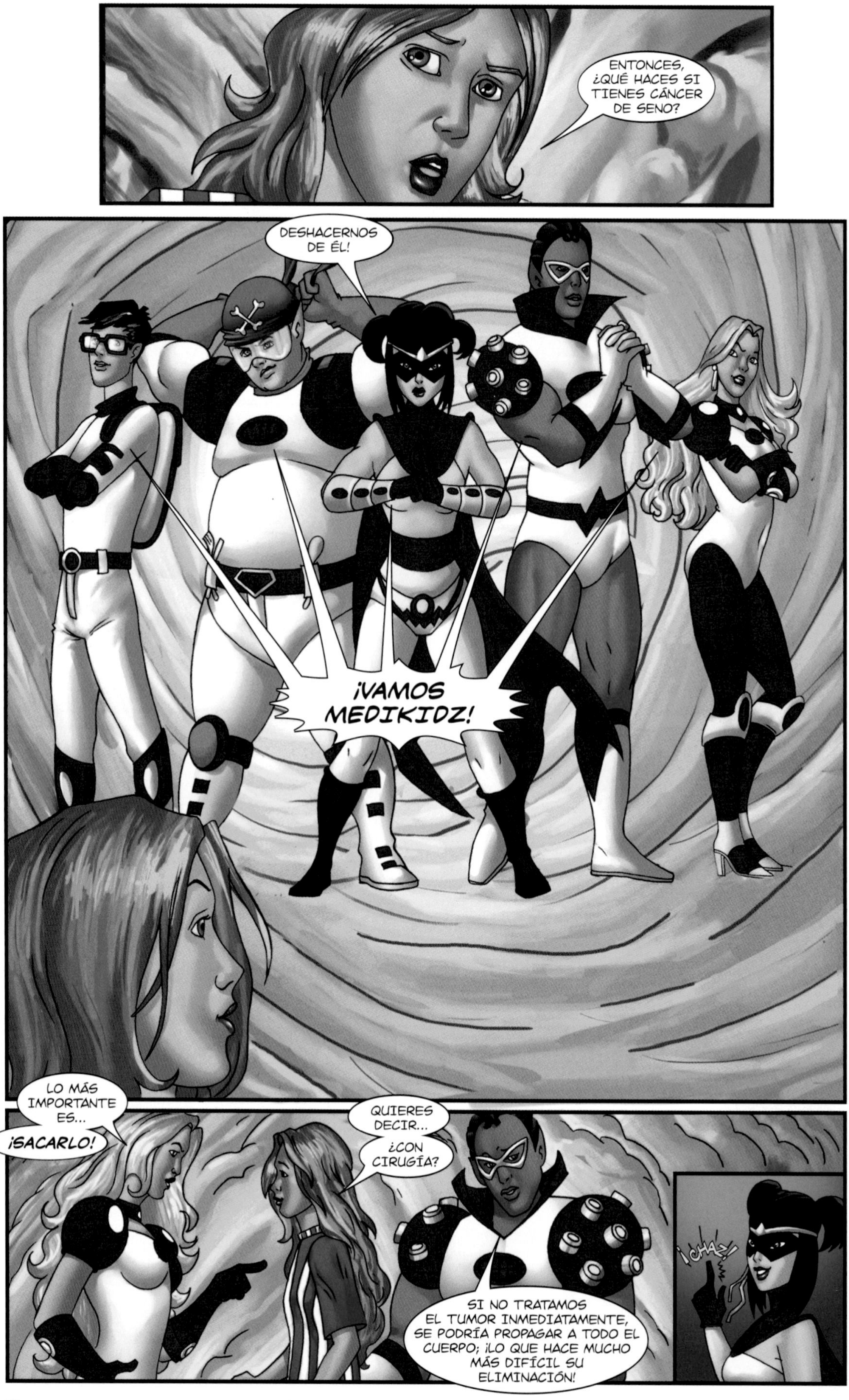
ENTONCES, ¿QUÉ HACES SI TIENES CÁNCER DE SENO?
DESHACERNOS DE ÉL!
¡VAMOS MEDIKIDZ!
LO MÁS IMPORTANTE ES...
¡SACARLO!
QUIERES DECIR...
¿CON CIRUGÍA?
SI NO TRATAMOS EL TUMOR INMEDIATAMENTE, SE PODRÍA PROPAGAR A TODO EL CUERPO; ¡LO QUE HACE MUCHO MÁS DIFÍCIL SU ELIMINACIÓN!
¡CHAZ!

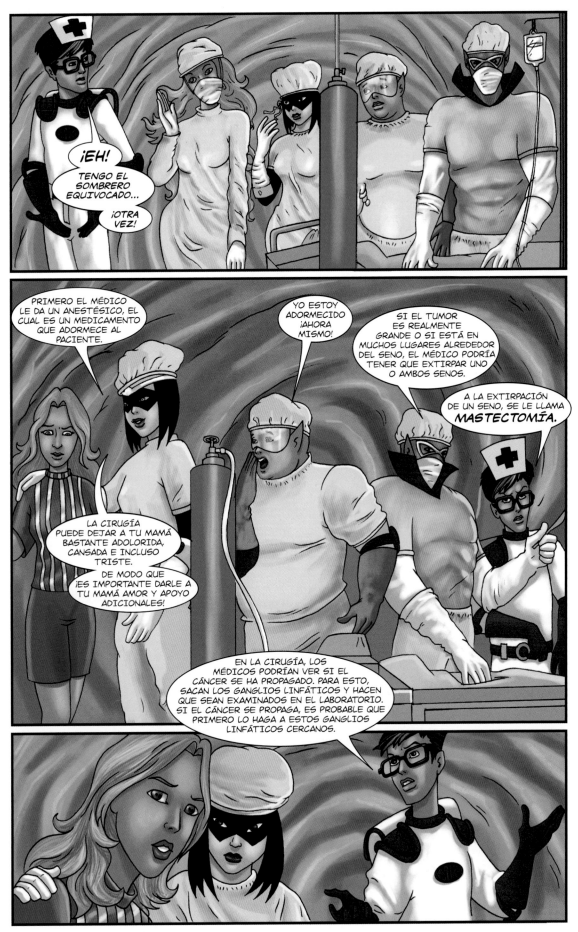

¡EH!

TENGO EL SOMBRERO EQUIVOCADO...

¡OTRA VEZ!

PRIMERO EL MÉDICO LE DA UN ANESTÉSICO, EL CUAL ES UN MEDICAMENTO QUE ADORMECE AL PACIENTE.

YO ESTOY ADORMECIDO ¡AHORA MISMO!

SI EL TUMOR ES REALMENTE GRANDE O SI ESTÁ EN MUCHOS LUGARES ALREDEDOR DEL SENO, EL MÉDICO PODRÍA TENER QUE EXTIRPAR UNO O AMBOS SENOS.

A LA EXTIRPACIÓN DE UN SENO, SE LE LLAMA **MASTECTOMÍA.**

LA CIRUGÍA PUEDE DEJAR A TU MAMÁ BASTANTE ADOLORIDA, CANSADA E INCLUSO TRISTE.

DE MODO QUE ¡ES IMPORTANTE DARLE A TU MAMÁ AMOR Y APOYO ADICIONALES!

EN LA CIRUGÍA, LOS MÉDICOS PODRÍAN VER SI EL CÁNCER SE HA PROPAGADO. PARA ESTO, SACAN LOS GANGLIOS LINFÁTICOS Y HACEN QUE SEAN EXAMINADOS EN EL LABORATORIO. SI EL CÁNCER SE PROPAGA, ES PROBABLE QUE PRIMERO LO HAGA A ESTOS GANGLIOS LINFÁTICOS CERCANOS.

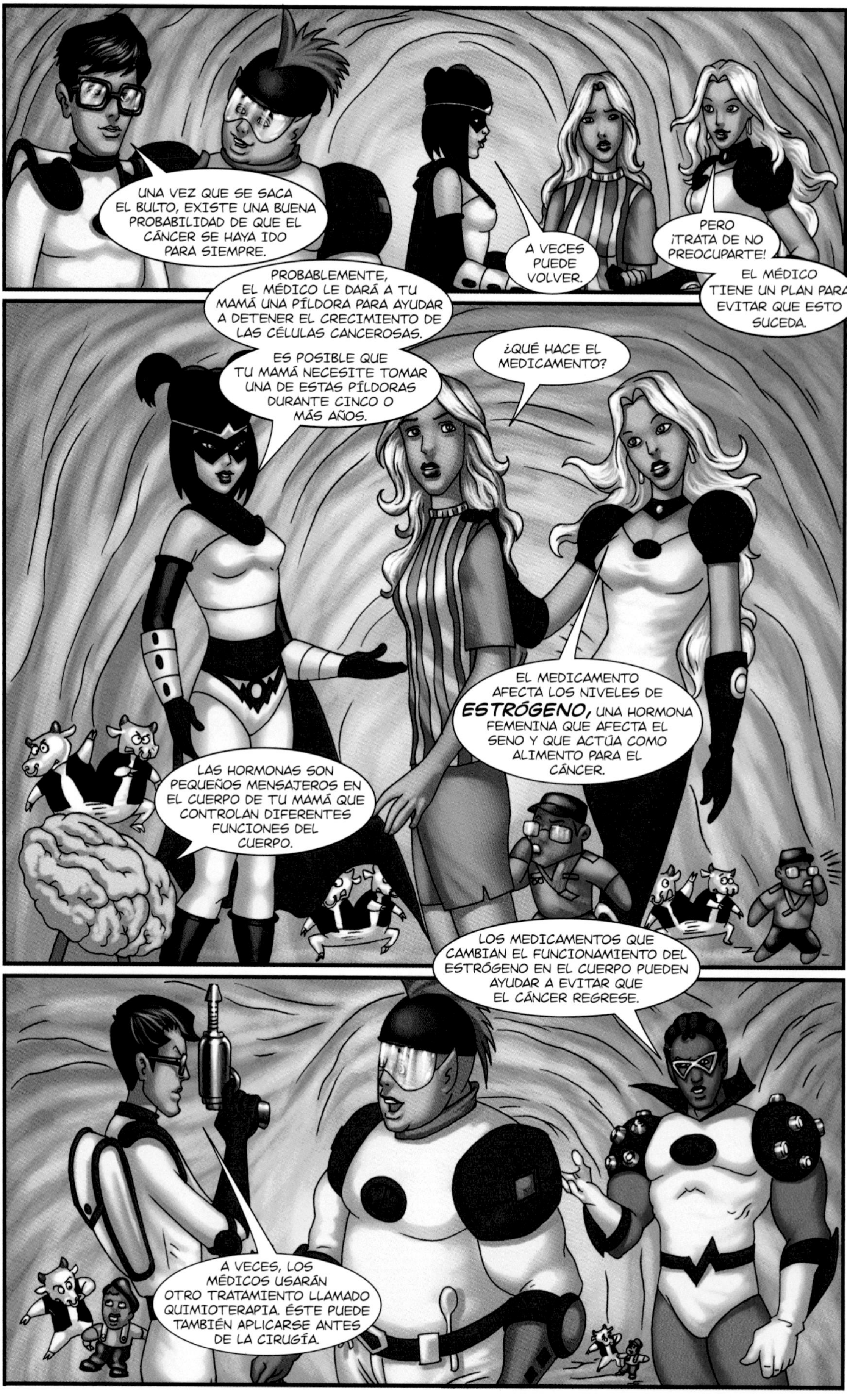
UNA VEZ QUE SE SACA EL BULTO, EXISTE UNA BUENA PROBABILIDAD DE QUE EL CÁNCER SE HAYA IDO PARA SIEMPRE.
A VECES PUEDE VOLVER.
PERO ¡TRATA DE NO PREOCUPARTE!
EL MÉDICO TIENE UN PLAN PARA EVITAR QUE ESTO SUCEDA.
PROBABLEMENTE, EL MÉDICO LE DARÁ A TU MAMÁ UNA PÍLDORA PARA AYUDAR A DETENER EL CRECIMIENTO DE LAS CÉLULAS CANCEROSAS.
ES POSIBLE QUE TU MAMÁ NECESITE TOMAR UNA DE ESTAS PÍLDORAS DURANTE CINCO O MÁS AÑOS.
¿QUÉ HACE EL MEDICAMENTO?
EL MEDICAMENTO AFECTA LOS NIVELES DE ESTRÓGENO, UNA HORMONA FEMENINA QUE AFECTA EL SENO Y QUE ACTÚA COMO ALIMENTO PARA EL CÁNCER.
LAS HORMONAS SON PEQUEÑOS MENSAJEROS EN EL CUERPO DE TU MAMÁ QUE CONTROLAN DIFERENTES FUNCIONES DEL CUERPO.
LOS MEDICAMENTOS QUE CAMBIAN EL FUNCIONAMIENTO DEL ESTRÓGENO EN EL CUERPO PUEDEN AYUDAR A EVITAR QUE EL CÁNCER REGRESE.
A VECES, LOS MÉDICOS USARÁN OTRO TRATAMIENTO LLAMADO QUIMIOTERAPIA. ÉSTE PUEDE TAMBIÉN APLICARSE ANTES DE LA CIRUGÍA.

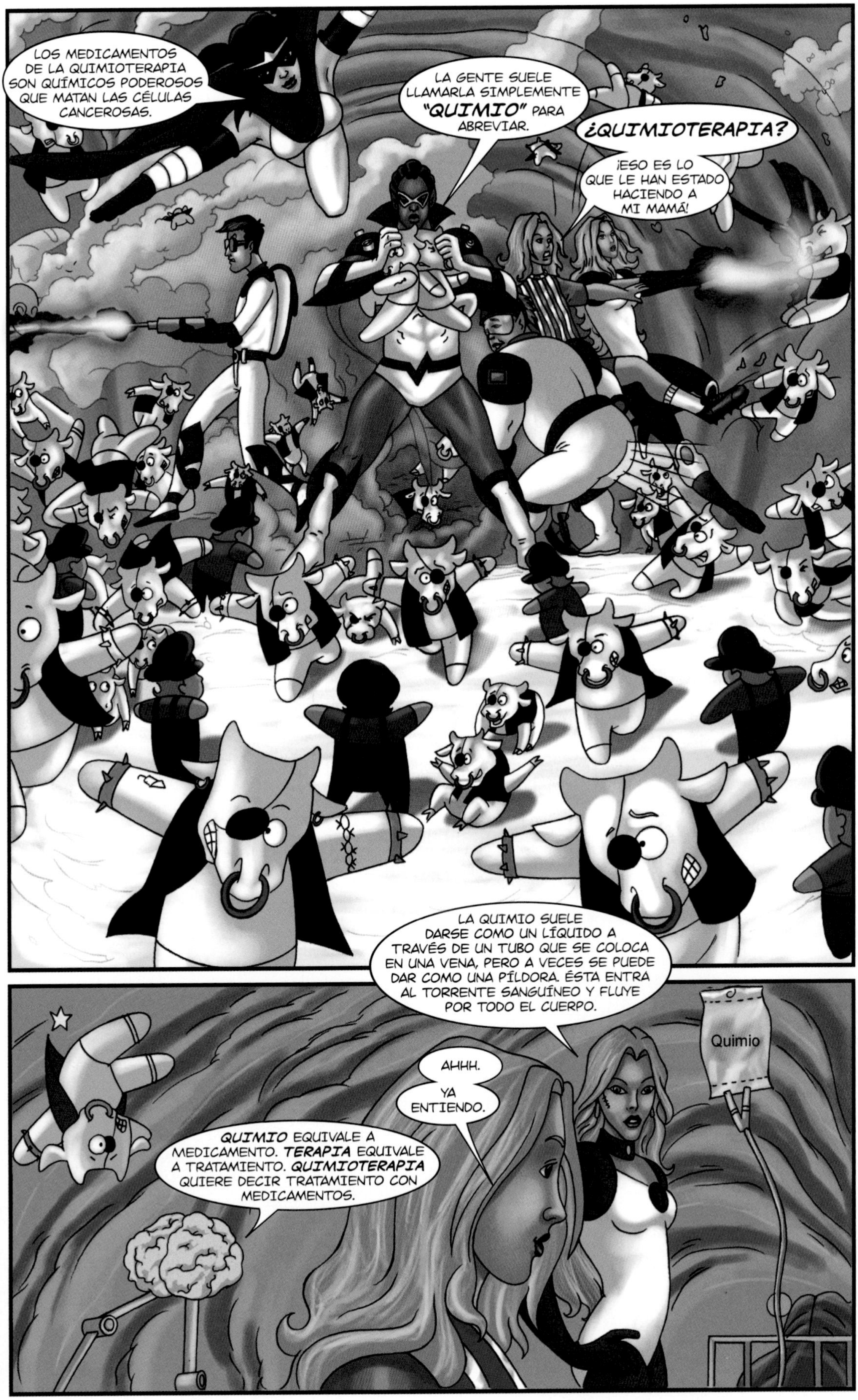
LOS MEDICAMENTOS DE LA QUIMIOTERAPIA SON QUÍMICOS PODEROSOS QUE MATAN LAS CÉLULAS CANCEROSAS.
LA GENTE SUELE LLAMARLA SIMPLEMENTE *"QUIMIO"* PARA ABREVIAR.
¿QUIMIOTERAPIA?
¡ESO ES LO QUE LE HAN ESTADO HACIENDO A MI MAMÁ!
LA QUIMIO SUELE DARSE COMO UN LÍQUIDO A TRAVÉS DE UN TUBO QUE SE COLOCA EN UNA VENA, PERO A VECES SE PUEDE DAR COMO UNA PÍLDORA. ÉSTA ENTRA AL TORRENTE SANGUÍNEO Y FLUYE POR TODO EL CUERPO.
Quimio
AHHH.
YA ENTIENDO.
QUIMIO EQUIVALE A MEDICAMENTO. *TERAPIA* EQUIVALE A TRATAMIENTO. *QUIMIOTERAPIA* QUIERE DECIR TRATAMIENTO CON MEDICAMENTOS.

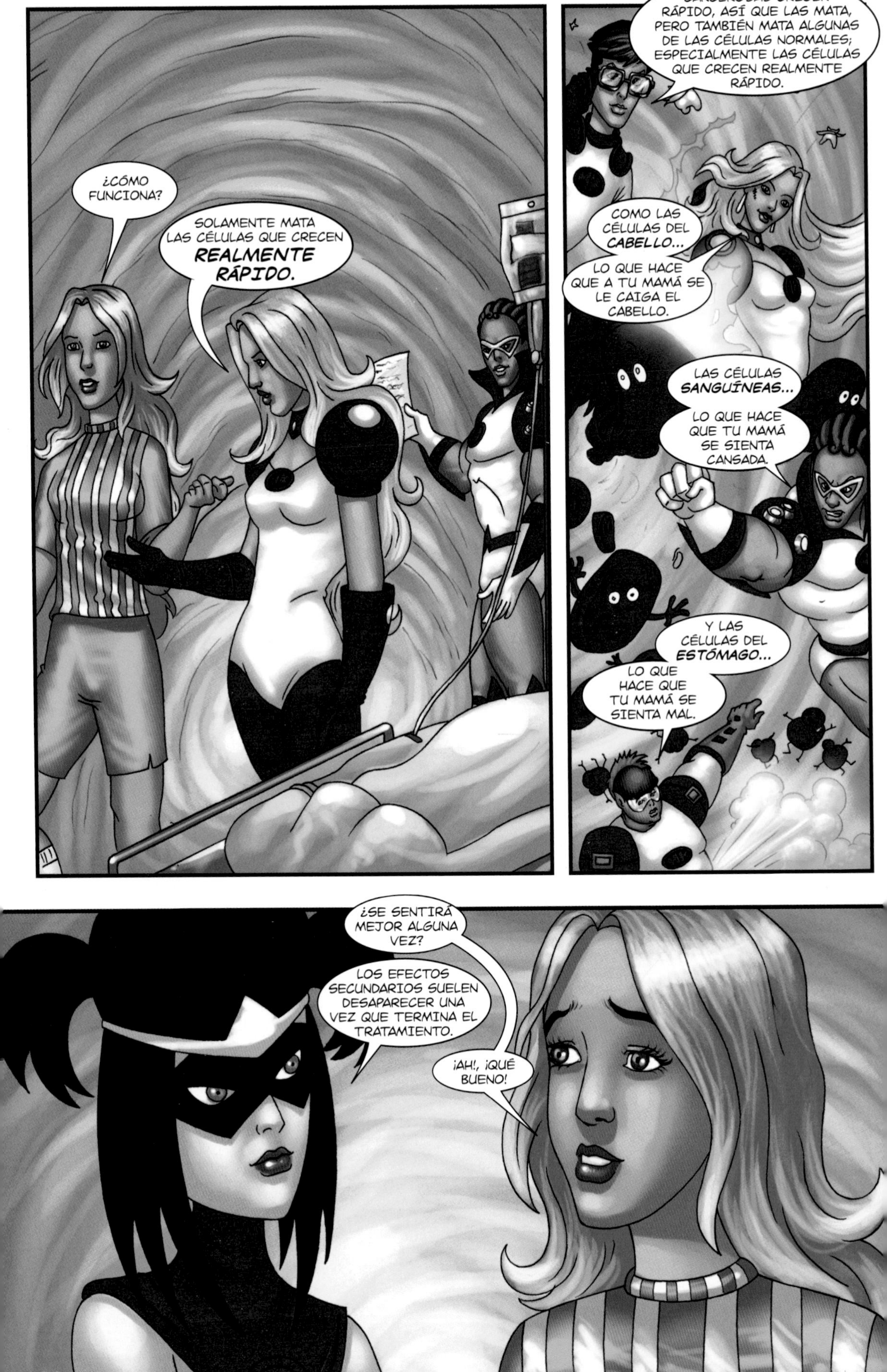
¿CÓMO FUNCIONA?
SOLAMENTE MATA LAS CÉLULAS QUE CRECEN REALMENTE RÁPIDO.
LAS CÉLULAS CANCEROSAS CRECEN RÁPIDO, ASÍ QUE LAS MATA, PERO TAMBIÉN MATA ALGUNAS DE LAS CÉLULAS NORMALES; ESPECIALMENTE LAS CÉLULAS QUE CRECEN REALMENTE RÁPIDO.
COMO LAS CÉLULAS DEL CABELLO...
LO QUE HACE QUE A TU MAMÁ SE LE CAIGA EL CABELLO.
LAS CÉLULAS SANGUÍNEAS...
LO QUE HACE QUE TU MAMÁ SE SIENTA CANSADA.
Y LAS CÉLULAS DEL ESTÓMAGO...
LO QUE HACE QUE TU MAMÁ SE SIENTA MAL.
¿SE SENTIRÁ MEJOR ALGUNA VEZ?
LOS EFECTOS SECUNDARIOS SUELEN DESAPARECER UNA VEZ QUE TERMINA EL TRATAMIENTO.
¡AH!, ¡QUÉ BUENO!

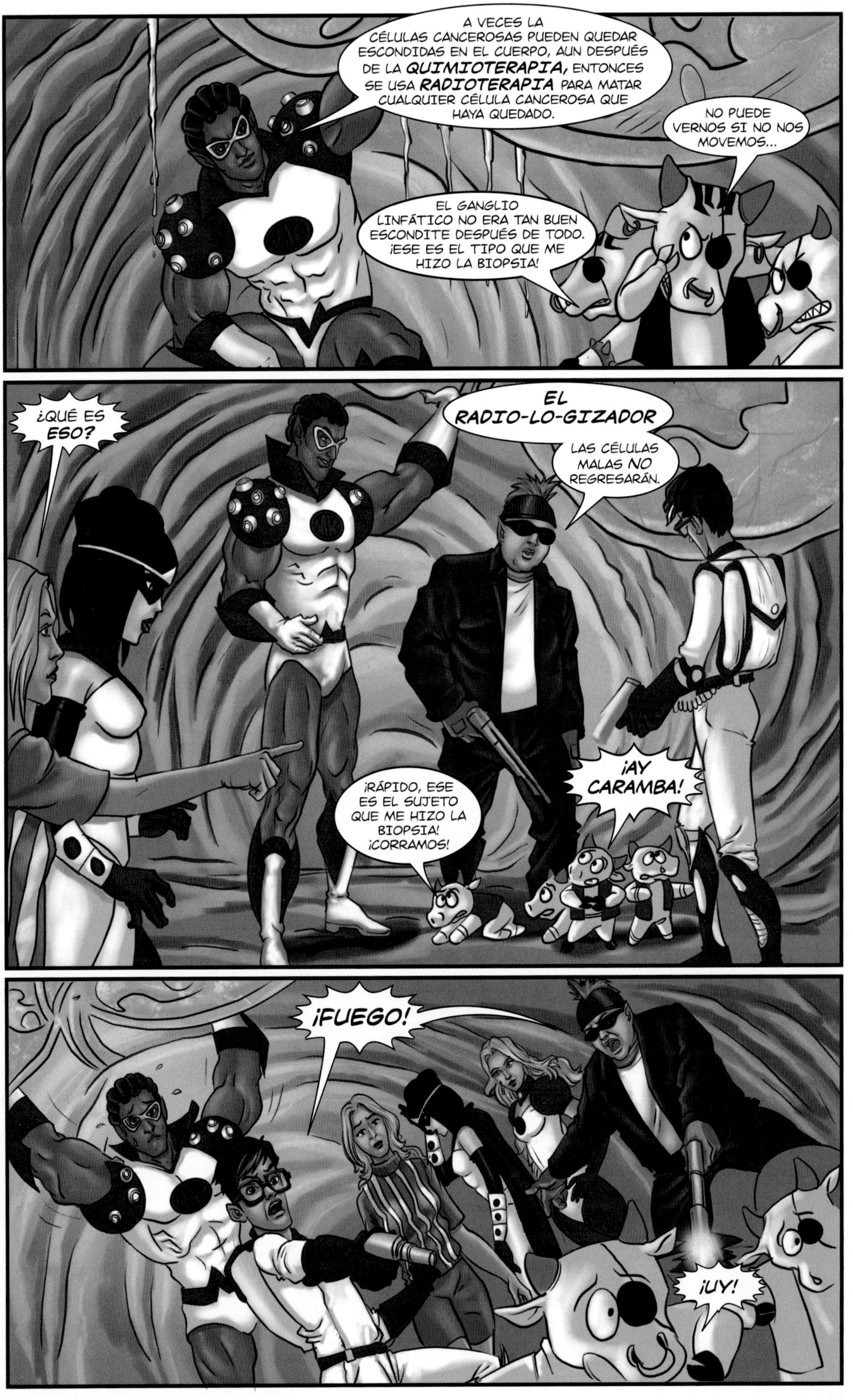

A VECES LA CÉLULAS CANCEROSAS PUEDEN QUEDAR ESCONDIDAS EN EL CUERPO, AUN DESPUÉS DE LA QUIMIOTERAPIA, ENTONCES SE USA RADIOTERAPIA PARA MATAR CUALQUIER CÉLULA CANCEROSA QUE HAYA QUEDADO.
NO PUEDE VERNOS SI NO NOS MOVEMOS...
EL GANGLIO LINFÁTICO NO ERA TAN BUEN ESCONDITE DESPUÉS DE TODO. ¡ESE ES EL TIPO QUE ME HIZO LA BIOPSIA!
¿QUÉ ES ESO?
EL RADIO-LO-GIZADOR
LAS CÉLULAS MALAS NO REGRESARÁN.
¡AY CARAMBA!
¡RÁPIDO, ESE ES EL SUJETO QUE ME HIZO LA BIOPSIA! ¡CORRAMOS!
¡FUEGO!
¡UY!

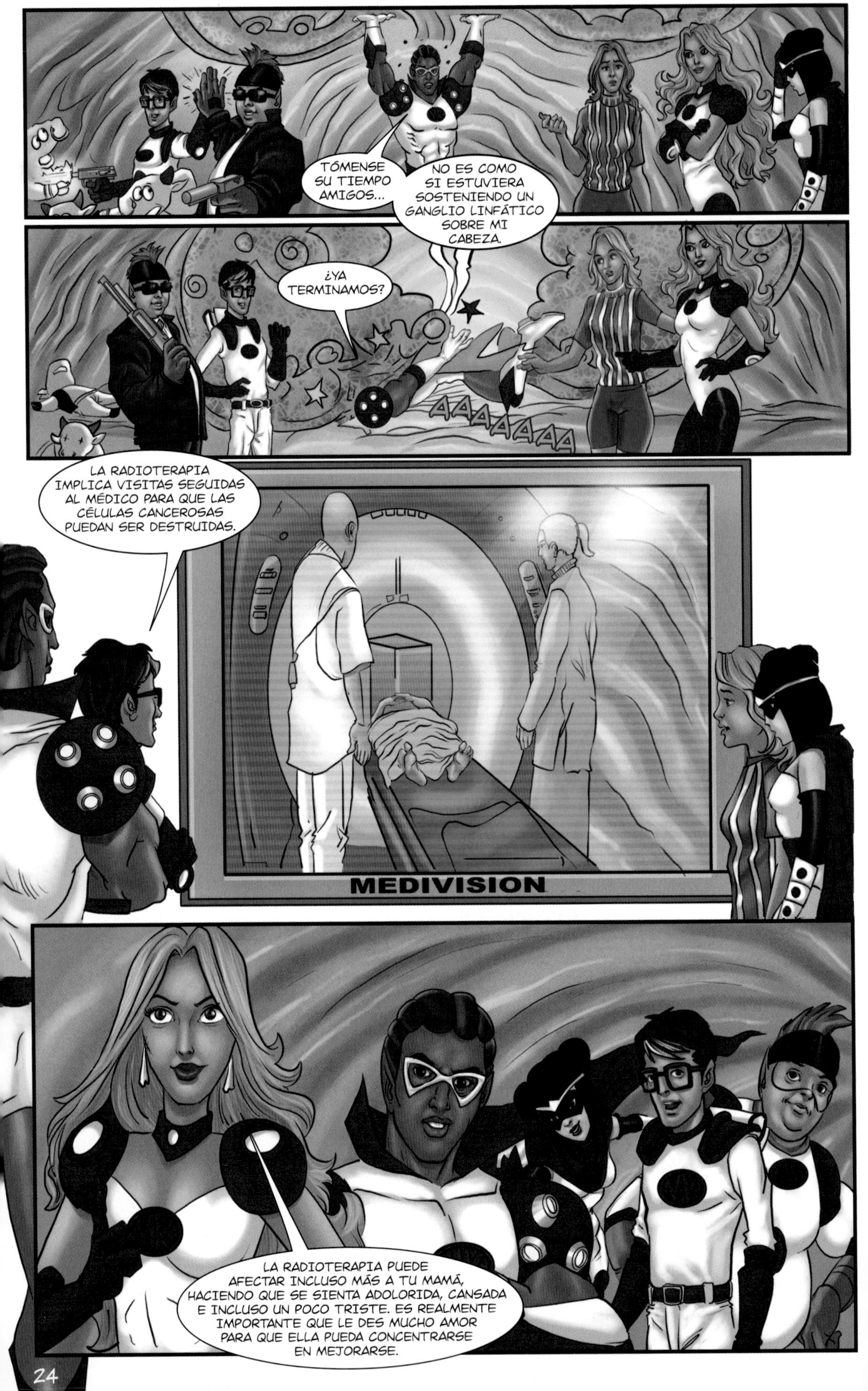
TÓMENSE SU TIEMPO AMIGOS...
NO ES COMO SI ESTUVIERA SOSTENIENDO UN GANGLIO LINFÁTICO SOBRE MI CABEZA.
¿YA TERMINAMOS?
AAAAAAAA
LA RADIOTERAPIA IMPLICA VISITAS SEGUIDAS AL MÉDICO PARA QUE LAS CÉLULAS CANCEROSAS PUEDAN SER DESTRUIDAS.
MEDIVISION
LA RADIOTERAPIA PUEDE AFECTAR INCLUSO MÁS A TU MAMÁ, HACIENDO QUE SE SIENTA ADOLORIDA, CANSADA E INCLUSO UN POCO TRISTE. ES REALMENTE IMPORTANTE QUE LE DES MUCHO AMOR PARA QUE ELLA PUEDA CONCENTRARSE EN MEJORARSE.

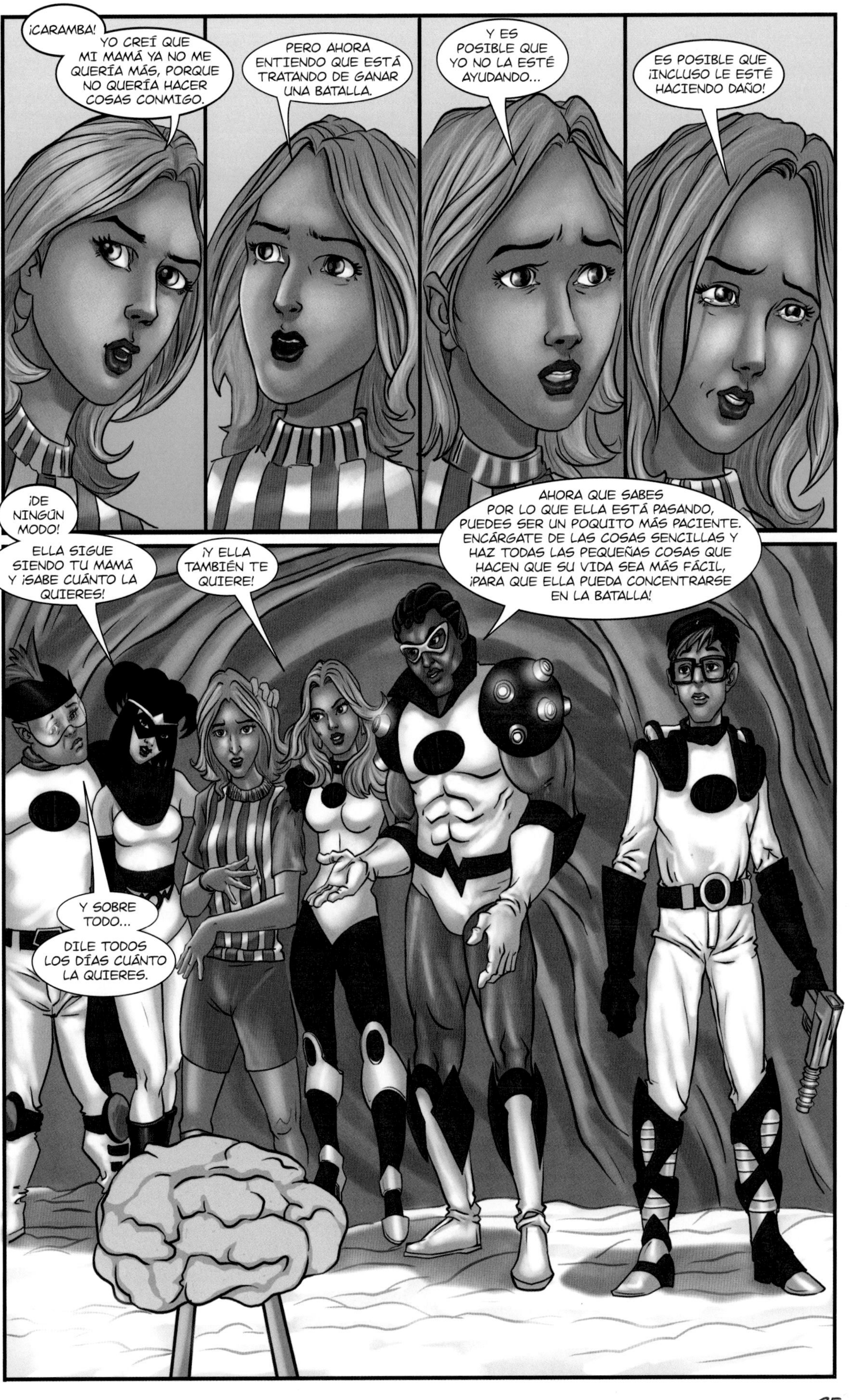
¡CARAMBA!
YO CREÍ QUE MI MAMÁ YA NO ME QUERÍA MÁS, PORQUE NO QUERÍA HACER COSAS CONMIGO.
PERO AHORA ENTIENDO QUE ESTÁ TRATANDO DE GANAR UNA BATALLA.
Y ES POSIBLE QUE YO NO LA ESTÉ AYUDANDO...
ES POSIBLE QUE ¡INCLUSO LE ESTÉ HACIENDO DAÑO!
¡DE NINGÚN MODO!
ELLA SIGUE SIENDO TU MAMÁ Y ¡SABE CUÁNTO LA QUIERES!
¡Y ELLA TAMBIÉN TE QUIERE!
AHORA QUE SABES POR LO QUE ELLA ESTÁ PASANDO, PUEDES SER UN POQUITO MÁS PACIENTE. ENCÁRGATE DE LAS COSAS SENCILLAS Y HAZ TODAS LAS PEQUEÑAS COSAS QUE HACEN QUE SU VIDA SEA MÁS FÁCIL, ¡PARA QUE ELLA PUEDA CONCENTRARSE EN LA BATALLA!
Y SOBRE TODO...
DILE TODOS LOS DÍAS CUÁNTO LA QUIERES.

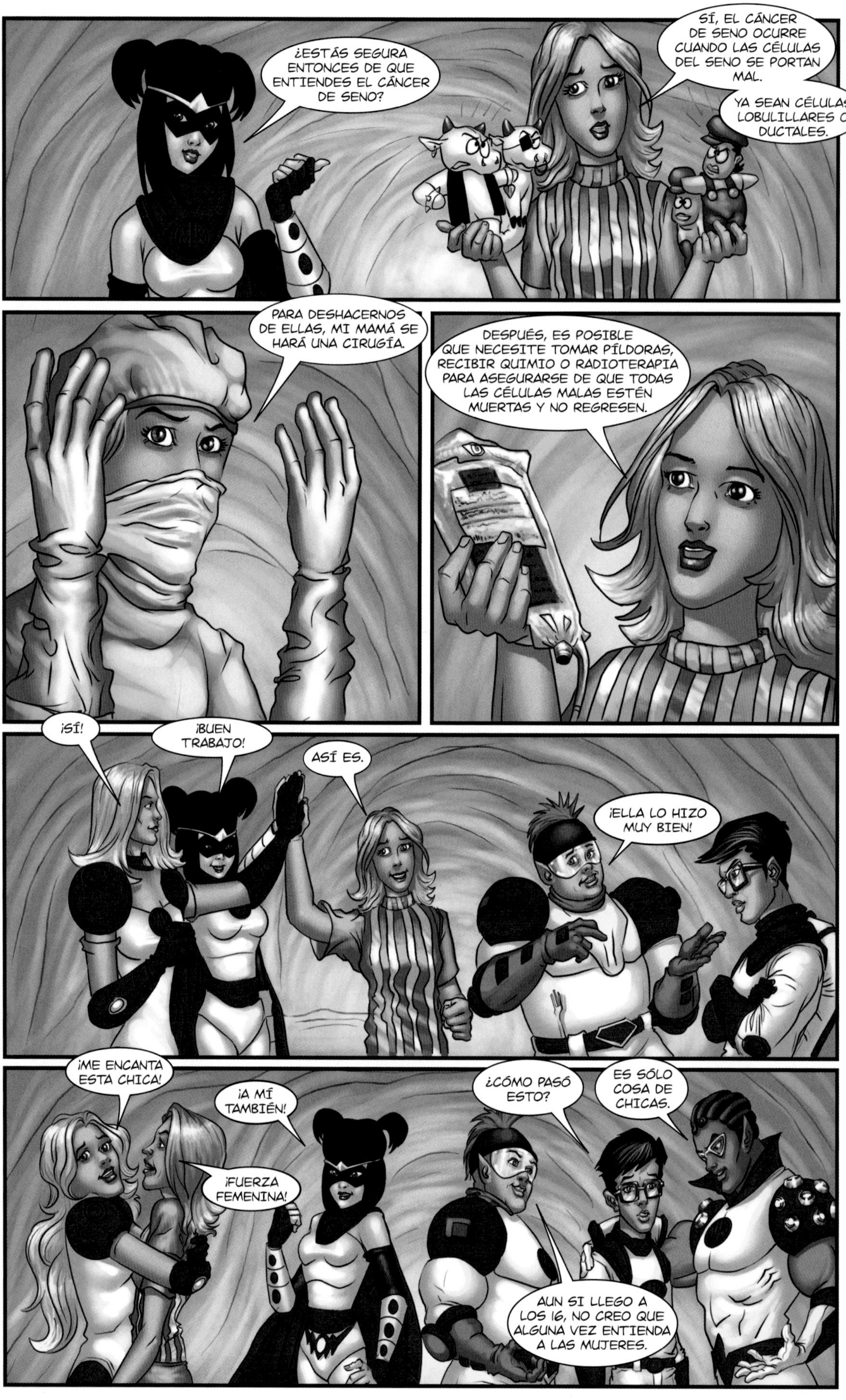
¿ESTÁS SEGURA ENTONCES DE QUE ENTIENDES EL CÁNCER DE SENO?
SÍ, EL CÁNCER DE SENO OCURRE CUANDO LAS CÉLULAS DEL SENO SE PORTAN MAL.
YA SEAN CÉLULAS LOBULILLARES O DUCTALES.
PARA DESHACERNOS DE ELLAS, MI MAMÁ SE HARÁ UNA CIRUGÍA.
DESPUÉS, ES POSIBLE QUE NECESITE TOMAR PÍLDORAS, RECIBIR QUIMIO O RADIOTERAPIA PARA ASEGURARSE DE QUE TODAS LAS CÉLULAS MALAS ESTÉN MUERTAS Y NO REGRESEN.
¡SÍ!
¡BUEN TRABAJO!
ASÍ ES.
¡ELLA LO HIZO MUY BIEN!
¡ME ENCANTA ESTA CHICA!
¡A MÍ TAMBIÉN!
¡FUERZA FEMENINA!
¿CÓMO PASÓ ESTO?
ES SÓLO COSA DE CHICAS.
AUN SI LLEGO A LOS 16, NO CREO QUE ALGUNA VEZ ENTIENDA A LAS MUJERES.

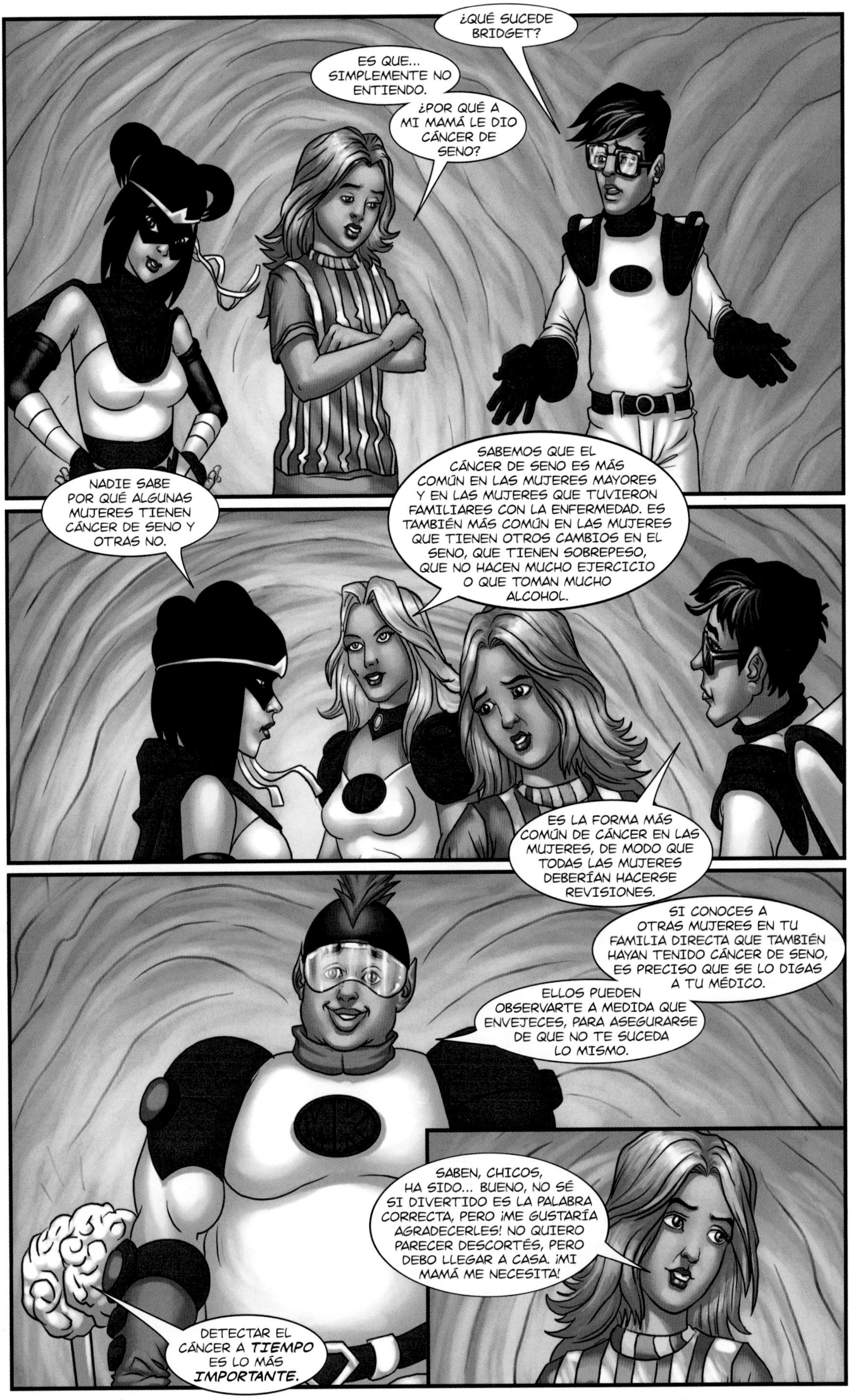
¿QUÉ SUCEDE BRIDGET?
ES QUE... SIMPLEMENTE NO ENTIENDO.
¿POR QUÉ A MI MAMÁ LE DIO CÁNCER DE SENO?
NADIE SABE POR QUÉ ALGUNAS MUJERES TIENEN CÁNCER DE SENO Y OTRAS NO.
SABEMOS QUE EL CÁNCER DE SENO ES MÁS COMÚN EN LAS MUJERES MAYORES Y EN LAS MUJERES QUE TUVIERON FAMILIARES CON LA ENFERMEDAD. ES TAMBIÉN MÁS COMÚN EN LAS MUJERES QUE TIENEN OTROS CAMBIOS EN EL SENO, QUE TIENEN SOBREPESO, QUE NO HACEN MUCHO EJERCICIO O QUE TOMAN MUCHO ALCOHOL.
ES LA FORMA MÁS COMÚN DE CÁNCER EN LAS MUJERES, DE MODO QUE TODAS LAS MUJERES DEBERÍAN HACERSE REVISIONES.
SI CONOCES A OTRAS MUJERES EN TU FAMILIA DIRECTA QUE TAMBIÉN HAYAN TENIDO CÁNCER DE SENO, ES PRECISO QUE SE LO DIGAS A TU MÉDICO.
ELLOS PUEDEN OBSERVARTE A MEDIDA QUE ENVEJECES, PARA ASEGURARSE DE QUE NO TE SUCEDA LO MISMO.
DETECTAR EL CÁNCER A TIEMPO ES LO MÁS IMPORTANTE.
SABEN, CHICOS, HA SIDO... BUENO, NO SÉ SI DIVERTIDO ES LA PALABRA CORRECTA, PERO ¡ME GUSTARÍA AGRADECERLES! NO QUIERO PARECER DESCORTÉS, PERO DEBO LLEGAR A CASA. ¡MI MAMÁ ME NECESITA!

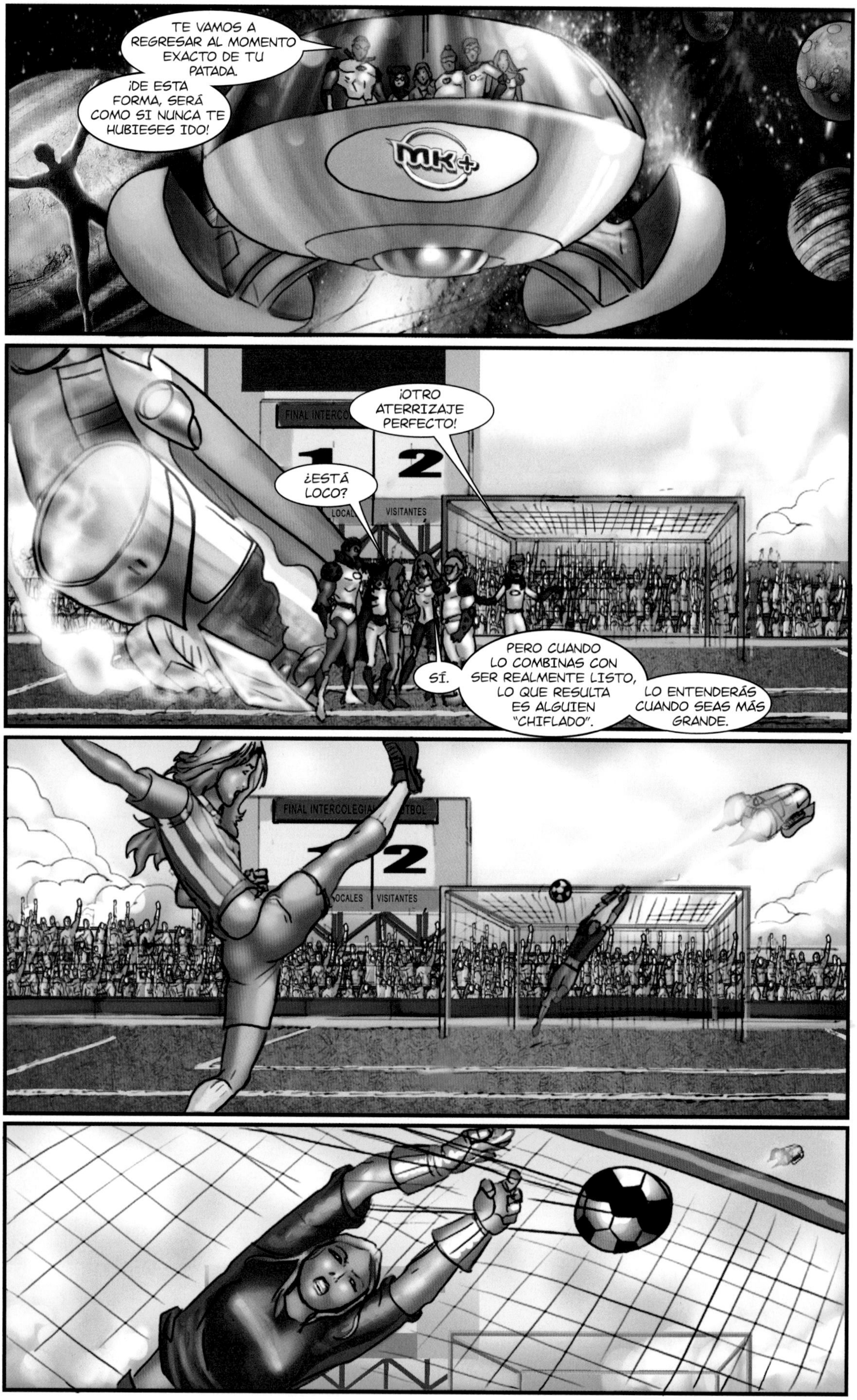
TE VAMOS A REGRESAR AL MOMENTO EXACTO DE TU PATADA.
¡DE ESTA FORMA, SERÁ COMO SI NUNCA TE HUBIESES IDO!
MK+
¡OTRO ATERRIZAJE PERFECTO!
¿ESTÁ LOCO?
1 2
VISITANTES
SÍ.
PERO CUANDO LO COMBINAS CON SER REALMENTE LISTO, LO QUE RESULTA ES ALGUIEN "CHIFLADO".
LO ENTENDERÁS CUANDO SEAS MÁS GRANDE.
2
VISITANTES

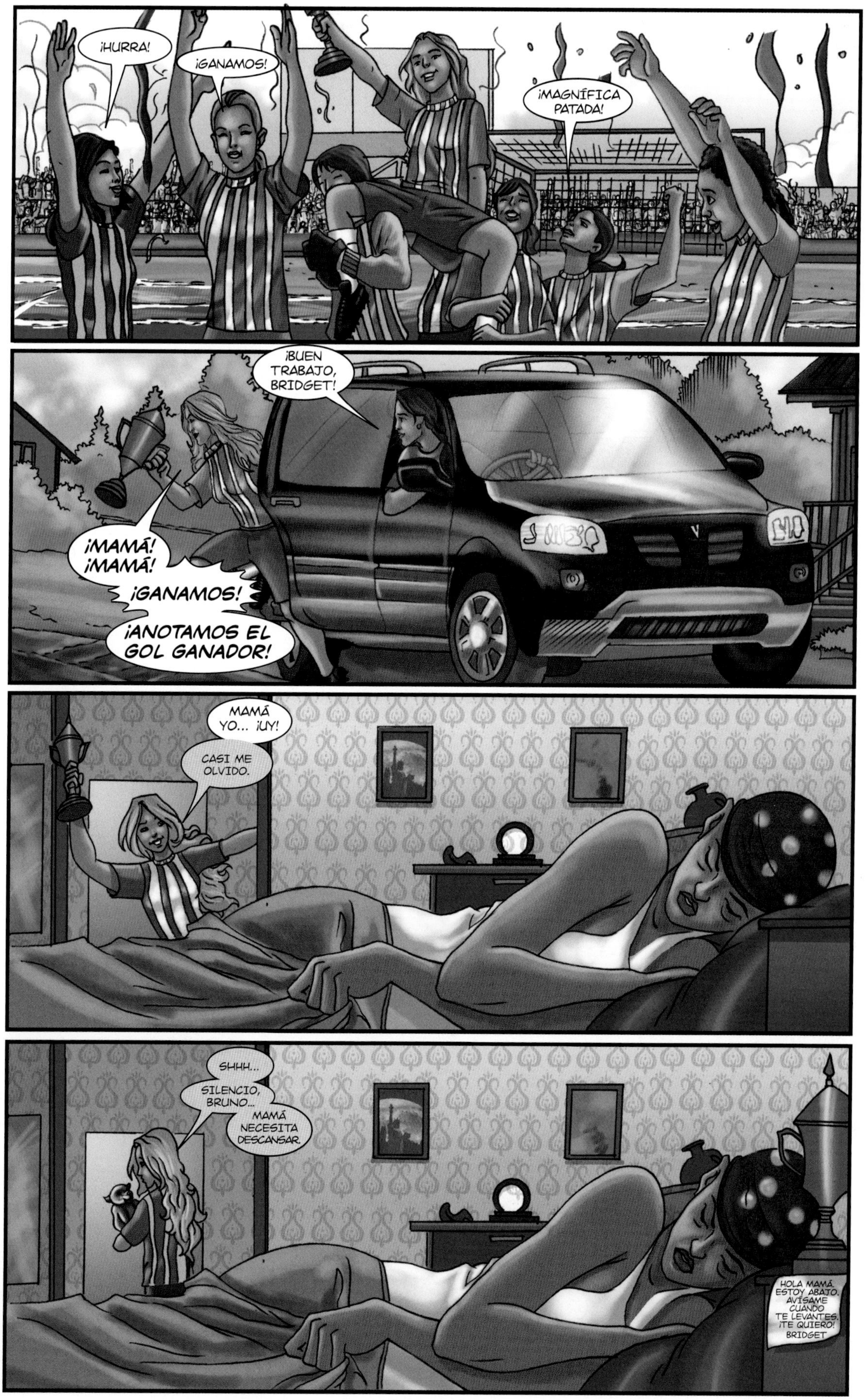
¡HURRA!
¡GANAMOS!
¡MAGNÍFICA PATADA!
¡BUEN TRABAJO, BRIDGET!
¡MAMÁ! ¡MAMÁ!
¡GANAMOS!
¡ANOTAMOS EL GOL GANADOR!
MAMÁ YO... ¡UY!
CASI ME OLVIDO.
SHHH...
SILENCIO, BRUNO...
MAMÁ NECESITA DESCANSAR.
HOLA MAMÁ. ESTOY ABAJO. AVÍSAME CUANDO TE LEVANTES. ¡TE QUIERO! BRIDGET

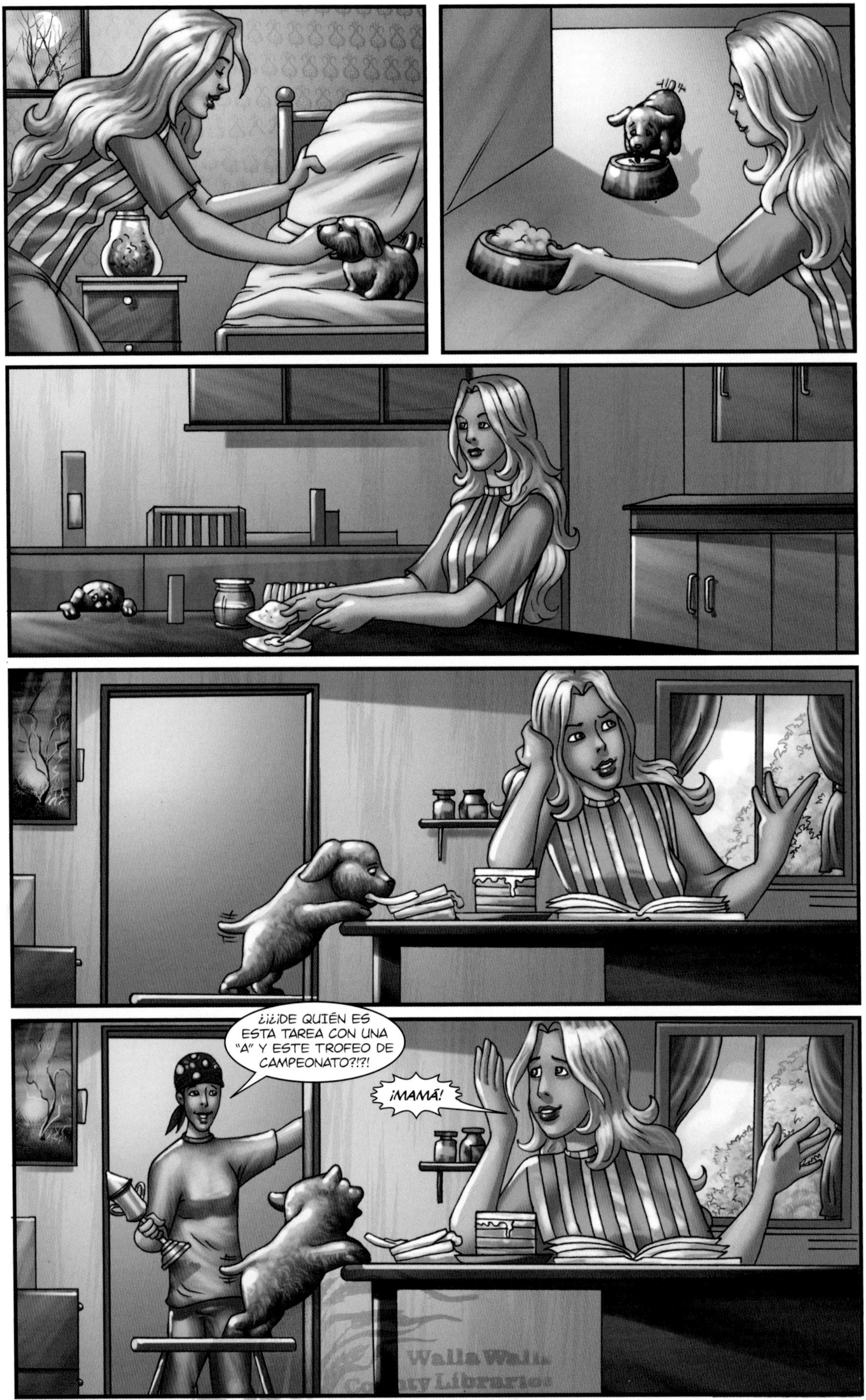
¿¿¿DE QUIÉN ES ESTA TAREA CON UNA "A" Y ESTE TROFEO DE CAMPEONATO?!?!
¡MAMÁ!

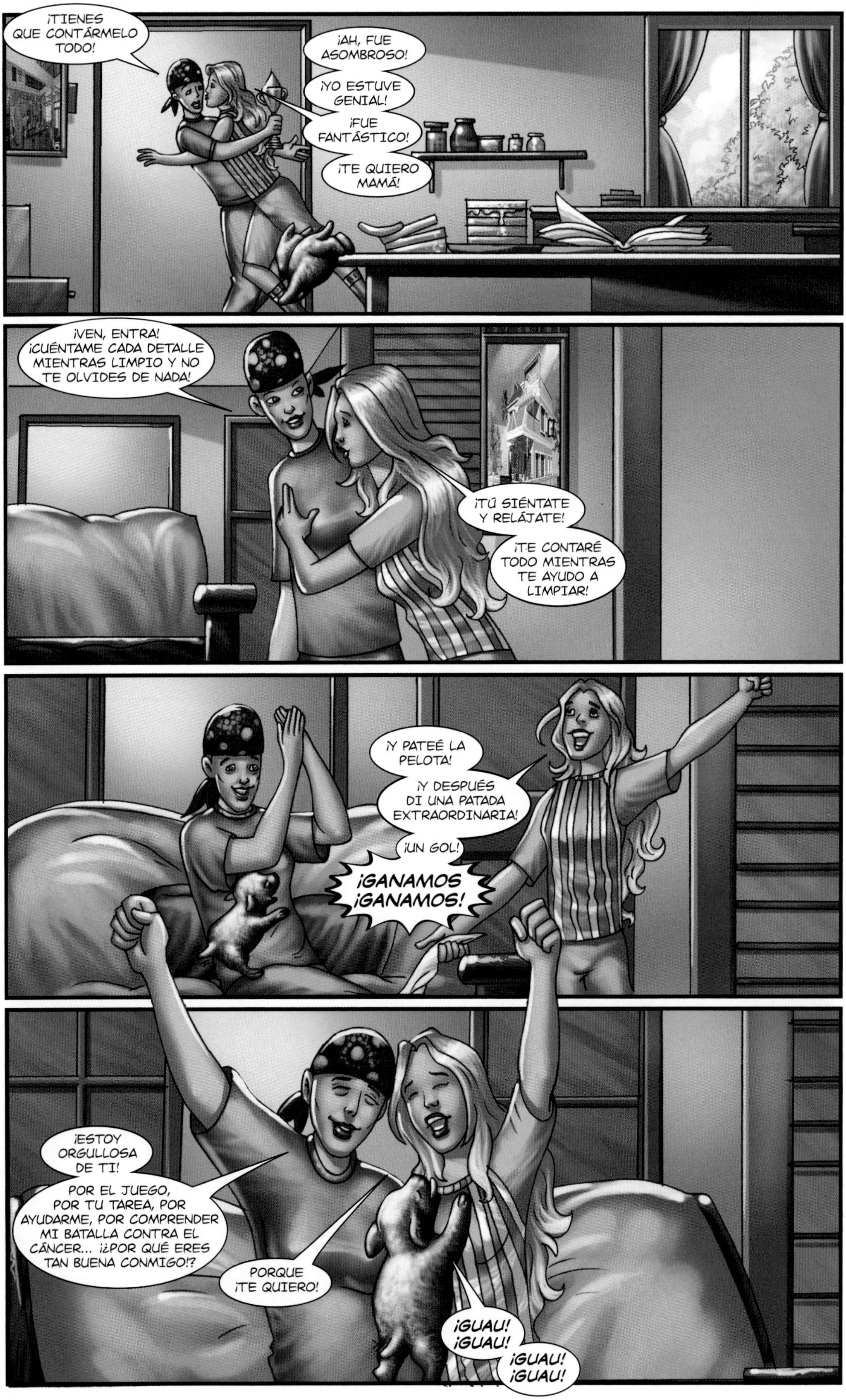
¡TIENES QUE CONTÁRMELO TODO!
¡AH, FUE ASOMBROSO!
¡YO ESTUVE GENIAL!
¡FUE FANTÁSTICO!
¡TE QUIERO MAMÁ!
¡VEN, ENTRA! ¡CUÉNTAME CADA DETALLE MIENTRAS LIMPIO Y NO TE OLVIDES DE NADA!
¡TÚ SIÉNTATE Y RELÁJATE!
¡TE CONTARÉ TODO MIENTRAS TE AYUDO A LIMPIAR!
¡Y PATEÉ LA PELOTA!
¡Y DESPUÉS DI UNA PATADA EXTRAORDINARIA!
¡UN GOL!
¡GANAMOS ¡GANAMOS!
¡ESTOY ORGULLOSA DE TI!
POR EL JUEGO, POR TU TAREA, POR AYUDARME, POR COMPRENDER MI BATALLA CONTRA EL CÁNCER... ¡¿POR QUÉ ERES TAN BUENA CONMIGO!?
PORQUE ¡TE QUIERO!
¡GUAU! ¡GUAU!
¡GUAU! ¡GUAU!

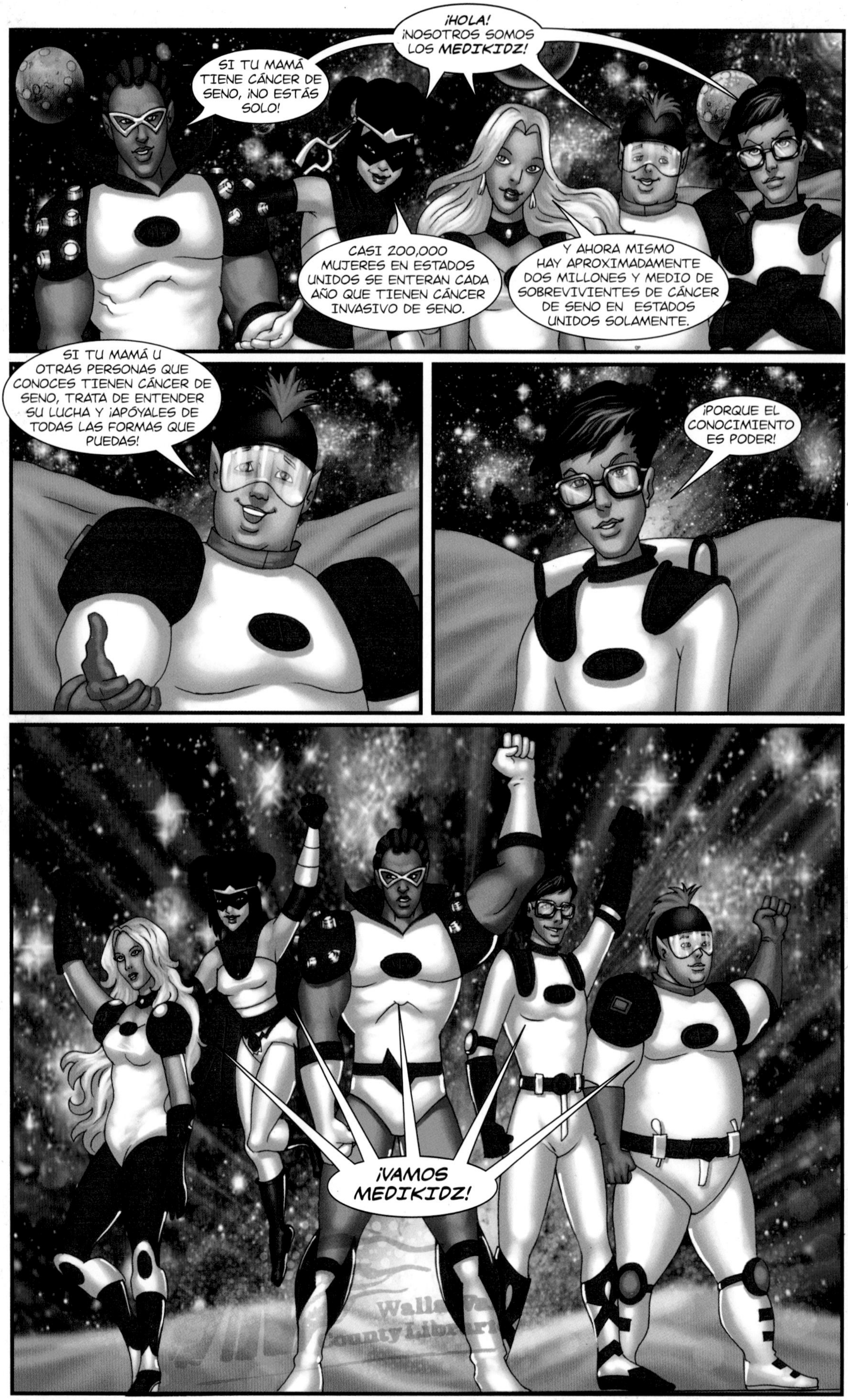
SI TU MAMÁ TIENE CÁNCER DE SENO, ¡NO ESTÁS SOLO!
¡HOLA! ¡NOSOTROS SOMOS LOS MEDIKIDZ!
CASI 200,000 MUJERES EN ESTADOS UNIDOS SE ENTERAN CADA AÑO QUE TIENEN CÁNCER INVASIVO DE SENO.
Y AHORA MISMO HAY APROXIMADAMENTE DOS MILLONES Y MEDIO DE SOBREVIVIENTES DE CÁNCER DE SENO EN ESTADOS UNIDOS SOLAMENTE.
SI TU MAMÁ U OTRAS PERSONAS QUE CONOCES TIENEN CÁNCER DE SENO, TRATA DE ENTENDER SU LUCHA Y ¡APÓYALES DE TODAS LAS FORMAS QUE PUEDAS!
¡PORQUE EL CONOCIMIENTO ES PODER!
¡VAMOS MEDIKIDZ!